KB146810

한문이 말하지 못한 한국사

금요일엔
역사책
1

한문이 말하지 못한
한국사

·

장지연 지음

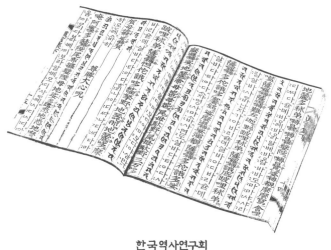

한국역사연구회
역사선

푸른역사

비린내, 누린내, 풋내, 군내

음식 관련 TV 프로그램을 볼 때마다 거슬리는 것이 있다. 바로 고기에서 나는 잡내를 고기 '비린내'라고 표현하는 것이다. 심지어 요리 전문가라는 사람까지 고기 비린내라고 하는 것도 자주 보았다. 비린내는 생선 같은 해물이나 쇠나 피 등과 결합해서 쓰는 말이다. 굳이 고기와 비린내를 결합해서 쓰고 싶다면 고기 피비린내 정도가 가능한 표현인 듯싶다. 우리가 보통 말하는 고기의 잡내(누린내)는 고기의 지방이나 오래된 핏물을 익혔을 때 나오는 것이기 때문에 도축장에서 맡을 수 있는 생고기의 피비린내와는 전혀 다르다. 고기만이 아니다. 얼마 전 인터넷에서는 덜 익은 밀가루에서 나는 풋내를 '밀가루 비린내'라고 표현하는 것도 보았다. 이러다 음식에서 나는 안 좋은 냄새는 모두 '비린내'로 통칭하게 생겼으니, 나중엔 잘못 보관하거나 오래된 김치에서 나는 군내도 '김치 비린내'라고 하는 건 아닌지 모르겠다.

고기에서 나는 안 좋은 냄새와 생선에서 나는 안 좋은 냄새는 완전히 다르다. 밀가루가 덜 익어서 나는 풋내, 열무를 너무 빡빡 주물러서 나는 풋내는 말할 것도 없다. 각각의 냄새를 떠올려 보라. 얼마나 다른 냄새인지. 분명 화학 분자식도 다를 것이다. 이 모든 걸 '비린내'로 퉁쳐 버린다면 다양한 언어로 구분하고 있던 냄새의 실재 역시 다 비슷한 것으로 퉁쳐 버리게 될 것이다.

적절한 언어가 없어 세밀하게 분간하지 못하는 '실재'는 이미 존재한다. 매운맛을 예로 들어보자. 우리가 '매운맛'이라 간단히 말하지만 구체적으로 들어가면 그 종류가 다르다. 예를 들어 고추와 겨자는 매운맛을 느끼게 하는 성분도 각기 다르고 통증을 일으키는 정도도 다를 뿐만 아니라, 동반하는 향도 다르기 때문에 다른 맛이 느껴진다. 그러나 이 둘을 엄밀히 구분하는 언어가 우리에겐 존재하지 않는다.

내 아이의 사례 역시 분간할 수 있는 언어가 갖는 의미를 보여 준다. 아이는 어렸을 때 매운 것을 잘 못 먹었다. 또래 아이들이 모두 매운 라면을 게 눈 감추듯 먹을 때, 내 아이는 못 먹겠단 소리는 차마 못 하고 한 젓가락 먹을 때마다 물을 한 컵씩 마시며 버텼다. 재미있는 건 아이가 탄산음료 역시 맵다고 하며 못 마셨다는 점이다. 탄산이 맵다는 말에 처음엔 무척 의아했는데, 가만 보니 탄산이 톡 쏘며 혀가 아린 것을 '맵다'고 표현한 것이었다. 아이의 표현이 그렇게 근본 없는 것도 아니다. 조선 시대엔 탄산 성분이 있는 지하수에 후추 초椒 자를 써서 '초정'이라고 부르기도 했으니 말이다. 탄산, 고추, 고추냉이, 겨자뿐만 아니라 마늘, 후추, 생강 등은 매운맛도, 풍미를 결정하는 향도 다 다르다. 우리도 이들이 뭔가 조금씩 다르다는 걸 알기에, '화끈하다', '얼얼하다', '알싸하다' 등의 말을 '맵다'의 보조적인 표현으로 쓰긴 하지만 그 실체가 명확하진 않다. 실재를 분간할 수 있는 언어가 없으면 그 실재 역시 분간하기 어렵다.

요새는 분명 매운데도 '보통 맛', 심지어 '순한 맛'이라면서 나오는 음식이 너무 많다. 수많은 '보통 맛' 치킨과 떡볶이에 속았던 나날이여! 어묵탕에 베트남 고추를 안 보이게 잔뜩 넣는 동네 모 떡볶이 체인점은 우리 집의 기피 대상 1호이다. 매운 고추를 넣어 국물의 뒤끝에 매운맛이 얼얼하게 치고 가는데도 아이들이 먹는 음식으로 내놓다니! 분개하고 또 분개할 뿐이다. 이것은 언어가 실재를 오도하는 것이 아닌가?

무슨 맛 얘기를 이렇게 길게 늘어놓는가 싶을지도 모르겠다. 그만큼 내가 먹는 것에 좀 진심이라서 그렇긴 하지만, 이것이 이 책에서 하려는 이야기와 무관한 이야기가 아니기 때문에 늘어놓은 하소연이기도 하다. 바로 언어가 사라진다면 그 언어가 담고 있던 '실재'도 사라질 것이라는 이야기이다.

이 질문과 관련지어 생각할 만한 기사를 읽은 적이 있다. 전통

약초에 관련된 의학 지식이 사라질 위기에 처했다는 미국 국립학술원 회보PNAS의 연구를 요약한 기사였다. 약초에 대한 지식 대부분은 특정 언어로만 알려져 있는데, 이러한 언어를 쓰는 부족들이 위기에 처하면서 해당 지식 역시 사라질 위기에 처했다는 연구였다. 아마존, 북미, 뉴기니 등이 이러한 위기에 처한 대표적인 지역으로, 특히 아마존은 거의 100퍼센트, 북미는 86퍼센트까지 관련 언어가 사라질 위기에 놓여 있다고 한다. 그런데 이처럼 약용으로 쓰이는 토착 식물 중 멸종위기종으로 분류된 것은 5퍼센트가 안 된다. 즉 식물 자체보다는 그 식물에 대한 인간의 지식이 사라질 위험이 훨씬 더 심각한 상황이다《한겨레신문》 2021년 6월 14일 자). 이렇게 약초를 알아보고 의미를 부여한 언어가 사라져 버린다면, 그 약초가 실재하더라도 인간에게 그것은 실재하지 않는 것이나 마찬가지 아닐까?

20세기 서양 철학에서는 이 같은 언어와 실재 사이의 관계에 대해 많은 논의를 했다. 역사학에서의 '언어적 전환linguistic turn' 역시 이러한 논의와 관련이 깊다. 언어는 역사적 실재를 구성한다. 과거의 모든 일은 언어를 통해 존재하고, 완성된다. 언어가 없다면 과거의 사실은 우리에게 전달될 수가 없다는 인식이 바로 '언어적 전환'이다. '언어적 전환'이 연구에 영향을 미친 것으로는 1990년대 대두한 신청사新淸史(New Qing History)를 들 수 있다. 여기에서는 만주족과 청나라가 한화漢化되어 버렸다는 기존의 서술에 반론을 제시하며 만주족 고유의 문화와 역사가 여전했다는 점에 주목했다. 기존의 청대사가 한문 자료를 기반으로 서술했다면, 신청사는 만주문 자료에 관심을 기울이면서 이러한 이야기를 할 수 있었다. 이는 언어별로 구속된 세계와 그 번역에 대한 사학자들의 감수성이 높아졌기에 가능한 것이었다. 이처럼 만주어와 한어의 이중적 세계가 갖는 필연적인 균열의 지점이 있다면, 우리라고 그러지 말라는 법이 있겠는가?

역사 연구에서 이만큼이나 엄중한 의미를 가진 것임에도 불구하고 언어는 너무나 익숙하기에 쉽게 생각하는 경향이 있다. 말은 발화와 동시에 휘발해 버리므로, 사라져 버린 실재가 얼마나 큰지 잊어버리기 쉽다. 그중 아주 일부만 남은 것이 문자 기록임에도, 그조차 근대 학문 분과 각각의 전문 영역이라 말하며 까다롭게 나누어 처리한다. 소설과 시는 문학에서, 정치적 논설문이나 각종 고문서는 역사학에서, 종교 관련 자료는 종교학에서 다루는 식으로 말이다. 거기에 한글과 한문이 같이 쓰였던 이중문자 환경 때문인지 소설이라도 한글 소설은 국문학이, 한문 소설은 한문학이 전문으로 삼는다. 분과 간 상호 교류를 하긴 하지만, 이중문자 환경을 자유롭게 넘나들며 살아왔던 옛날 사람 정도에 이르진 못한다. 이로 인해 역사적 실재와의 거리를 좁힐 수 있는 기회를 놓치고, 코끼리 뒷다리만 더듬고 있다.

인류가 언제부터 그렇게 문자를 사용해 왔다고?

요 근래, 자라나는 세대의 '리터러시literacy', 즉 문해력에 대해 이러쿵저러쿵 말이 많다. 글자는 다 읽을 줄 알기 때문에 문맹은 아니지만, 읽었을 때 그게 무슨 내용인지 이해하는 능력이 떨어진다는 것이다. EBS의 〈당신의 문해력〉이라는 기획 프로그램은 현 세대가 글을 이해하는 능력이 얼마나 떨어져 있는지를 보여주어 센세이션을 불러일으키기도 했다.

실제 수업 현장에서 느끼는 체감도 이를 지지하는 것 같다. 기초 단어나 정보의 벽에 부딪혀 본격적인 내용 설명에는 들어가지 못하는 경우도 많고, 풍자나 고발 같은 형식을 이해하지 못하는 학생들도 본다. 학생들만 뭐라 할 것도 아니다. 시중에 떠도는 수많은 글에서 기초 문법이 안 맞거나 상황에 맞지 않는 엉뚱한 단어를 사용하는 경우를 허다하게 보기 때문이다.

현 세대의 문해력 부족에 대한 사회적 시선은 그다지 긍정적이지 않다. 문해력이 떨어지고 있는 것은 20세기 발생한 영상 미디어가 21세기 이후 가속화된 세계적인 정보화로 범람했기 때문이며, 글 읽기를 싫어하는, 혹은 잘하지 못하는 세대의 탄생은 깊이 있는 사고를 못 하는 인류의 시대로 이어질 것이고, 미래는 어두울 수밖에 없다고 호들갑을 떨곤 한다.

이렇게 뻔한 생각에 그런가 보다 하다가 어느 날 문득 의문이 생겼다. 인류가 말을 해온 역사는 몇십만 년을 거슬러 올라간다.

그렇지만 문자는 어떠한가? 수십만 년에 걸친 호모 사피엔스의 긴 역사에서 문자는 고작 몇천 년 전에야 탄생했다. 문자 탄생 이후에도 문자를 쓸 줄 아는 사람들은 극히 일부였다. 한 사회에서 대부분의 사람이 문자를 읽고 쓸 수 있는 시대가 된 것은 채 백여 년이 되지 않았다. 어느 중학교 교사가 기고한 칼럼에서 교실의 읽기 능력 격차가 심각하다며 "단군 이래 이런 교실은 처음"이라고 제목을 단 것을 본 적이 있다. 그러나 이는 틀린 말이다. 도리어 "단군 이래 이렇게 읽기 능력 격차가 적은 교실은 처음"이기 때문이다.

1976년의 문식률, 즉 문자를 읽고 쓸 수 있는 전 세계 인구는 약 69퍼센트에 불과했다. 2016년에는 약 86퍼센트까지 가파르게 상승했으나 숫자로 따지면 여전히 7억 5,000만 명의 인구가 문맹이다. 이 중 63퍼센트는 여성이며, 15~64세 사이 젊은 층이 81퍼센트를 차지한다. 지역적으로는 남부 아시아가 문맹 인구의 49퍼센트를 점한다(UIS, 2017년 조사). 이러한 근래 상황과 여기에 다다르기까지의 인류 역사의 흐름을 볼 때 글을 읽고 이해하는 능력은 비교적 최근에서야 터득하고 보편화된 능력이라고 할 수 있다. 인류 역사를 24시간짜리 시계로 비유하면, 중앙 집권 국가가 만들어지고 문자가 탄생하기 시작한 것은 23시 50분쯤이다. 그중에서도 이렇게 문자가 보편화된 것은 불과 마지막 몇 초에 해당한다. 그렇다면 책 읽기를 싫어하는 아이들과 어른들, 글을 읽어도 내용을 잘 이해하지 못하는 사람들이 여전히 많은 것이 세상이 무너질 일은 아닐지도 모른다. 아직도 인류는 문자에, 글에 적응하고 있는 중일 수도 있는 것 아닌가? 더구나 요즘 아이들의 문해력이 떨어졌다는 주장도 통계를 제대로 보면 맞지 않는다고 하니, 조금은 진정할 필요도 있는 듯하다.

학생들에게 과거가 얼마나 낯선 세상인가를 이야기할 때 이렇게 말하곤 한다. 요새는 학생들이 맞춤법도 제대로 모른다며 한탄을 하지만 백 년 전만 하더라도 우리말 맞춤법은 제대로 정립되어 있지 않았다고. 지금은 많은 학생이 수포자라며 자괴감에 빠져 있기는 해도 원의 넓이를 구하는 공식 정도는 다 안다. 하지만 백 년 전에 이를 알고 있는 사람이 얼마나 됐겠는가?

그렇다고 백 년 전 사람들이 천하 무식에 아는 게 아무것도 없는 사람들이었을까? 그렇지 않다. 그들은 표준화된 맞춤법이나 원의 넓이 구하는 법은 잘 몰랐을지 모르지만, 동네 뒷산에서 철에 맞춰 먹을 만한 풀을 골라서 뜯어올 능력이 있었을 것이다. 그에 비해 요즘 세대는, 적어도 나는 뒷산에서 먹을 만한 뭔가를 뜯어올 자신이 전혀 없다.

한번은 학생들에게 조선 시대 하면 떠오르는 말 몇 가지를 묻는 설문을 해 본 적이 있는데, 그 결과를 보며 우리가 얼마나 과거를 이해하기 힘든지를 다시 한번 생각했다. 학생들은 여러 키워드를 댔는데, 흥미롭게도 20여 명의 학생이 댄 2백여 개의 키워드 중 농업과 관련된 것은 하나도 없었다. 조선 사회에서, 아니 전근대 사회에서 농업이 얼마나 중요한 산업이었는지를 생각해 보면,

현대의 우리가 이런 사회로부터 얼마나 괴리되었는가를 역으로 알 수 있다(그에 비해 '과학'이라는 키워드는 자주 등장했다. 참으로 흥미로운 대조였다). 그러니까 지금 우리는 단 백여 년 전까지 살아왔던 사람들이 갖고 있던 지식은 잘 알지도 못하면서 그들에겐 생판 낯선 지식이야말로 진정한 지식이라고 배우고 있는 '이상한 사람들'인 것이다.

우리 자신이 아주 특이한 사람들이라는 점을 인식하는 것은 역사를 대할 때 매우 중요하다. 심리학 분야에서는 이미 이러한 문제를 제기한 바 있다. 연구자들이 각종 설문이나 조사를 할 때 표본으로 선정하는 대상이 WEIRD 그룹에 편중되어 있다는 것이다. WEIRD란 서양의Western, 교육받고Educated, 산업화된Industrialized, 부유하고Rich, 민주적인Democratic 사회 출신을 줄인 말이다. 2010년에 나온 연구에 따르면 전 세계 인구의 12퍼센트밖에 안 되는 WEIRD 출신이 연구 대상의 80퍼센트를 차지하고 있다고 한다. 특히 미국 대학 출신이 대다수를 차지하고 있다. 그러니 이런 실험 대상을 가지고 도출한 연구 내용이 진정으로 인간 '보편'을 설명할 수 있다고 결코 장담할 수 없다는 것이다.

마찬가지 문제의식을 우리도 새길 필요가 있다. 우리가 인류 역사상 아주 특이한 세대로 WEIRD하다는 것, 누구나 문자로 형식을 갖춘 긴 글을 읽고 쓸 수 있는 것은 지극히 현대적 현상이라는 점 말이다. 거기에 단 하나의 문자가 국문으로 대표성을 갖고 우리의 모든 언어를 표기하는 것은 백 년도 되지 않았다.

우리가 과거에 비해 '특이한 사람들'이라는 점은 더욱 열심히 환기할 필요가 있다. 그래야 과거에 대해 다르게 상상하기 위해 노력할 것이기 때문이다. 가끔 사극이나 드라마, 다큐멘터리 등에서 과거를 재현하는 분들이 검토를 요청하면 내가 아는 선에서 최선을 다해 고증을 해준다(고 쓰고 꼬투리를 잡는다고 읽는다). 그러면 다들 큰 한숨을 쉬고는 '대충 넘어가면 안 되나' 하는 표정을 짓는다. 그러면서 조심스레 '상상력'을 발휘해서 처리하면 안 되냐고 묻곤 한다. 그렇지만 정말 이것이 '상상력'인가? 도리어 상상력의 빈곤을 드러내는 것 아닌가? 지금의 모습을 대충 과거라고 끼워 맞추는 것이니 말이다.

우리 역사의 거의 대부분 기간 동안 문자를 아는 이도 적은 와중에 여러 문자가 사회적으로 통용되었다. 문자별로 배우는 데 드는 공이 다르고 사용하는 형식과 사용자의 사회적 지위도 달랐다. 비단 전근대 시기뿐만 아니라 근대 식민지 시대 역시 마찬가지였다. 말과 글이 일치하고 공식적인 문자 사용에서 격차가 없어진 것은 기껏해야 1945년 해방 이후 들어서이니 백 년도 채 되지 않았다. 그사이 문맹률은 78퍼센트에서 1퍼센트 이하로 극적으로 낮아졌다.

언어에 실재가 담겨 있고, 과거는 언어로만 인식될 수 있다면, 다양한 언어/문자는 다양한 과거의 실재를 보여 줄 것이다. 그것이 비록 불가능한 것이라 할지라도 최대한 과거의 사실과 의미를 발견해 내고 싶어 하는 것이 역사학자의 가장 근원적인 욕구인 이상, 우리는 이러한 우리 역사 속의 다양한 언어/문자 환경에 주목하지 않을 수 없다. 다양한 언어/문자 환경은 우리에게 어떠한 새로운 과거를 보여줄까. 이 책은 이에 대해 다 같이 생각해 보자는 의미의 시론이다.

2023년 봄
장지연

01

다른 문자가 보여 주는
다른 세계

사라졌을지도 모를 고유 지식

토종 약초에 대한 원주민의 언어가 사라지면 그 지식도 사라지는 것처럼 우리도 무언가 그렇게 잃어버린 지식이 있지 않을까? 조선 세종 때 풍수 논쟁에 관한 기록을 읽으면서 바로 이 생각이 들었다.

1433년(세종 15) 풍수를 공부하여 서운관 벼슬도 지낸 적이 있는 최양선이라는 사람이 경복궁의 북쪽 산, 즉 백악(북악)이 주산이 아니라는 주장을 펼쳤다. 최양선은 이전부터 여러 곳의 풍수가 안 좋다고 떠들던 사람이었지만 이 주산 얘기는 그냥 넘어갈 수 없는 것이라 조야에 큰 파장을 일으켰다. 임금이 거주하는 경복궁이 잘못 지어졌다는 소리 아닌가? 국체를 흔들 수도 있는 주장이었다.

최양선의 주장에 주산이 틀리지 않았다고 맞선 이들은 온갖 풍수서를 동원하여 논리를 펼쳤다. 그중 하나가 전지前志, 즉 고려시대 풍수서였다. 해당 부분을 조금 들여다 보자.

인아仁牙에 나무가 있다. 주석에 '인아란 것은 땅은 있는데 아牙가 없는 것이니 바로 푸른 소나무를 심고 백 년이 지나면 울창해진다'라 하였고, 또 '인아란 것은 땅은 있는데 아牙가 없는 것이니 왼쪽 팔의 좋지 않고 얄팍한 곳에 소나무를 심어 비보한다'고 하였다(《세종실록》 권61, 세종 15년 7월 29일 경진).

풍수 이야기라 어려운 셈 치고 넘어가려 해도 "인아에 나무가 있다"는 말은 너무 난해하다. '인아란 것은 땅은 있는데 아가 없는 것이다'라고 주석을 달아 놓은 걸 보면 나만 어려운 게 아니라 옛날 사람들에게도 어려운 말이었던 것 같다. 그런데 '땅은 있는데 아가 없는 상태'라는 것까지는 주석을 보고 그렇다 쳐도, 도대체 왜 '인아'가 '땅은 있는데 아가 없다'로 해석이 되는 것인지, 여기서 '어금니 아' 자는 무슨 뜻으로 쓰인 것인지 아무리 여기저기 찾아 보아도 알 도리가 없었다.

그때 든 생각이 바로 이것이다. '인아'라는 말은 한문이 아니라 향찰이 아닐까 하는. 근대에 이르기까지도 우리 지명은 고유어를 사용하거나 고유어를 음차한 한자들이 많이 사용되었다는 점에서, 고려 시대 만들어진 이들 풍수서에는 향찰이나 고유어를 음차한 한문이 사용되었을 가능성이 높다. 이는 고려 태조 왕건 때 서경에 성을 쌓았다는 기록을 통해서도 간접적으로 알 수 있다. 서경에 지은 성을 《고려사》에서는 '재성在城'이라 했는데, 한자 뜻만 놓고 보면 의미가 잘 통하지 않는다. 이에 대해 한국사학자인 이병도는 여기서 '재' 자는 이두에서 훈독하듯이 '있다'의 존경어인 '계시', '겨시'의 의미를 담고 있다고 보았다. 그래서 '在城'은 '견성'으로 읽어야 한다고 했고, 이는 대체로 타당한 해석으로 인정받고 있다.

뒤에서 좀 더 자세히 서술하겠지만, 고려 시대에는 한문과 함께 한자의 음과 뜻을 빌려 우리말을 표기하는 이두나 향찰 같은 차자借字 표기법만 있었다. 그런데 시대가 내려오면서 차자에 대한 이해도가 떨어지고 차자로 된 문장이 촌스럽고 수준 낮다고 보는 인식이 퍼져나갔다. 고려 말에 여러 풍수서를 놓고 천도 대상지를 물색하는 논의에 참여했던 이색은 "무슨 말인지 정확히 모르겠다", "이런 소리는 무엇에 근거를 두고 나온 건지 모르겠다"는 등의 감상을 남겨 놓곤 했다. 저 '인아' 같은 말이 바로 이색을 곤혹스럽게 한, 그런 말이지 않았을까? 《실록》의 '인아'에 대한 주석이 고려 시대에 이루어진 것인지, 조선 초에 이루어진 것인지 정확히 알 방법은 없지만, 주석이 달렸다는 것은 그만큼 저 말을 쉽게 이해하지는 못하게 되었다는 의미일 것이다. 이는 한 시대의 지식이 단절되고 있었음을 보여 준다.

고려 시대에는 과거시험 과목 중에 풍수와 관련한 지리업 분야가 있어서 시험 과목으로 정해진 여러 종의 도서가 있었다. 그런데 조선 초 이들 도서가 이러저러한 문제가 있다고 하며 전면적으로 교체했다. 몇 차례의 개혁을 거치면서 결국 모든 시험 도서가 새로운 도서로 교체되었는데, 그 때문에 이제는 고려 시대 내내 시험 도서였다는 그 풍수서들을 찾을 수가 없다. 그저 제목만 《고려사》에 전할 뿐이다. 학자들이 이름이 비슷한 중국의 여러 책에 그 풍수서들을 비정해 보곤 하지만 확증할 수 있는 근거가 없다 보니 그저 추정에만 그칠 뿐이다. 고려 시대 사람들이 땅을 고르던 그 지식은 단절된 셈이다.

시험 도서인 풍수서보다 더 궁금한 것은 고려 말 조선 초 정계를 뒤흔든 《도선밀기》 혹은 《도선비기》라고 전하는 책이다. 이색의 시를 보면 '육록'이라고도 칭했던 것 같은데, 이것이 여섯 종의 책인지 책 이름이 '육록'인지도 정확하지 않다. 왕업을 연장해 줄 새로운 땅을 찾던 고려 말 사람들은 이 책에 근거하여 "여기가 이 책에서 말하는 땅이다", "아니다, 저기가 거기에 부합하는 땅이다"라며 시끄럽게 논란을 벌였다. 그런데 이 책도 이젠 전하지 않는다. 워낙 예언적인 내용을 담고 있어서 불온했기 때문에 조선 초 이를 정리해 버린 것이다. 요새 이것과 비슷한 이름의 책이 전해지곤 하는데, 이는 조선 후기 혹은 그보다도 훨씬 늦은 시대에 도선의 명성에 가탁해서 만든 가짜이다.

이제 와서 《도선밀기》가 궁금한 것은 그 속에 담긴 예언의 내용을 알고 싶다는 호기심 때문이 아니다. 일반적인 풍수 이론서와 달리 《도선밀기》처럼 우리나라에서 나온 풍수 관련 도서는 우리 땅에 대해 굉장히 구체적인 지식을 담고 있다. 예를 들어 "명당이 삼각산 중심에 있으니 임방을 뒤에 두고 병방을 향한다. 앞에는 세 개의 강이 보름달처럼 에워싸며 읍을 하니 대수가 무궁할 것이다"는 식으로 삼각산, 그 주변의 세 개의 강을 콕 찍어 언급하는 것이다. '인아유목'(인아仁牙에 나무가 있다) 뒤로 이어진 인용문에서는 삼각산 말고도 감악산, 관악산, 양주의 남행산, 수원의 북악, 목멱, 평양 등의 구체적인 지명을 콕콕 짚어 가며 그 풍수를 설명하고 있다. 자기 땅에 대한 구체적인 토착 지식이 토착 언어에 담겨 있었던 것이다. 이는 중국에서 수입한 이론 풍수서에는 실릴 수가 없다.

신라 말에 풍수가 유행했을 때도 비슷한 양상이었다. 사료가 많이 남아 있지 않아서 어렴풋이 짐작할 수밖에 없지만, 여기저기 지명을 언급하며 그곳을 차지하는 사람이 새로운 시대의 패자가 될 것이라는 예언이 제법 유행했던 것 같다. 송악, 철원, 천안 등이 대표적이다. 천안의 사례는 특히 흥미로운데, 이때 이야기를 보면 당대에 '오룡쟁주지세(다섯 마리의 용이 구슬을 다투는 지세)'에 대한 예언이 꽤나 떠돌았던 게 아닌가 싶기 때문이다. 태조 왕건은 천안부가 바로 그런 지세라며 이곳에 부를 설치했다. 그런데 그는 자신의 고향인 개성 오관산에 절을 창건하면서 그 절의 이름도 '오룡사'라고 했다. 이런 점을 보면 아마 이 시기 여러 지역이 삼한 통합의 열쇠를 쥔 오룡쟁주지세라는 예언이 떠돌았고 태조 왕건이 여기에 꽤나 집착했던 것 같다. 그러나 천안 이외에 어떤 지역이 그렇게 평가받았는지 이제는 알 수가 없다.

예언 내용이 눈을 가려서 그렇지, 《도선비기》류의 풍수 예언은 당시 지형에 대한 사람들의 인식이나 묘사라고 할 수 있다. 또 그런 예언이 천안부를 설치하게 한 것처럼 새로운 지역의 개척을 이끌어 내기도 했다. 그렇다면 이런 자료를 통해 당대 지리 인식뿐만 아니라 지형이나 지리 환경, 지역 개발사에도 접근할 수 있지 않을까?

조선 후기에도 비슷한 이야기가 유행했다. 삼한 통합 예언이 떠돈 신라 말이나 왕업 연장의 예언이 떠돈 고려 시대와 맥락이나 내용은 다르지만, 어디 어디가 좋은 땅이라는 소문들이었다. 답산가, 유산록 등의 이름이 붙은 한글 가사는 풍수 이론과 함께 조선 팔도의 명산과 명당을 꼽고 있고, 《정감록》 같은 예언서는 난리가 나도 화를 면할 수 있는 열 군데의 좋은 땅인 십승지 등을 언급하며 20세기까지도 사회를 들썩들썩하게 했다. 정확히 언제 작성된 것인지 연대를 확정하기는 어려워도 이런 자료가 남아 있다는 점은 매우 다행스럽다. 이런 자료는 과거 시험 과목이기도 했던 풍수 이론서와는 격이 전혀 다르지만 그 유행의 정도를 놓고 본다면 결코 무시할 자료는 아니다. 오히려 조선 팔도에 대한 구체적인 지리 지식이 담겼다는 점에서 더 주목되는 부분이기도 하다.

조선 후기에는 한글—한문 번역이 활발하게 이루어졌기에 조선 팔도에 대한 이러한 지리 지식은 한문과 한글로 모두 전해진다.

무엇으로 먼저 작성되었는지는 불분명하다. 아마도 이 시기 소설이 그랬던 것처럼 한문에서 한글로 번역된 것도 있고 한글에서 한문으로 번역된 것도 있었을 것이다. 어쨌거나 한글이 없었다면 이렇게 자기 사는 나라에 대한 지리정보가 민간에 광범위하게 유통되기는 힘들었을 것이다.

토착 지식이 토착 언어에 담긴 것은 베트남의 사례에서도 확인할 수 있다. 한자문화권이었던 베트남도 풍수가 상당히 유행했는데, 거기에도 '쯔놈', 즉 베트남식 향찰이라고 할 수 있는 표기 수단으로 작성된 풍수서가 현재까지 여러 종 전한다. 쯔놈으로 작성된 베트남 풍수서 역시 베트남의 땅에 대한 지리 지식과 나름의 해석을 담고 있다. 예를 들어 산이 많은 우리나라가 전통적으로 산세를 통해 국토를 설명하는 경향이 있었다면 베트남은 메콩강 등의 큰 강을 통해 자기 지세를 설명하는 특징이 있었다.

이렇듯 토착 언어와 문자에는 토착 지식이 담겨 있다. 토착 언어나 이를 표기하는 수단이 끊기면 그 지식 역시 단절된다. 우리나라의 경우 한문을 통해 그런 지식이 전해질 수 있긴 했겠지만, 문자의 장벽, 언어 및 지식의 위계 등을 비롯한 여러 이유로 쉽지 않았다. 이렇게 수많은 과거의 지식이 이제는 무엇을 잃어버렸는지 알 수도 없는 채 사라졌을 것이다.

《한경지략》과 〈한양가〉의 서로 다른 한양

19세기에는 조선의 수도 한양을 다룬 두 종류의 저술이 나왔다. 유득공의 아들인 유본예(1777~1842)가 지은 《한경지략》이라는 지리지와 한산거사가 지은 한글 가사 〈한양가〉가 그것이다. 〈한양가〉의 저자 한산거사가 누구인지는 알 수 없으나 액정서* 별감 출신으로 추정한다. 별감의 외모나 놀이 등에 대한 묘사가 아주 자세하기 때문이다. 《한경지략》 역시 서문에 호만 있어서 초기에는 저자를 잘못 추정한 적도 있었으나 저술 내용 등을 통해 유본예의 작품으로 밝혀졌다.

유본예와 한산거사는 여러모로 출신이나 배경이 달라 보이긴 하지만 공통점도 있다. 둘 다 궁궐이나 관청 등의 일에 한 발 걸치고 있는 사람이라는 점이 그것이다. 유본예는 아버지, 형에 이어 규장각 검서관으로 평생 잔뼈가 굵었고, 한산거사 역시 궁궐 잡무를 담당하던 액정서의 별감으로 추정되니 둘 다 궁궐, 관청 출입이 잦은 사람들이다. 그래서인지 두 작품에서는 모두 궁궐과 관청에 대한 이야기가 많은 분량을 차지한다.

《한경지략》은 궐 안팎의 관서를 서술하는 데 책의 거의 절반 정도의 분량을 할애하고 있다. 〈한양가〉 역시 마찬가지이다. 《한

---

* 궁궐 내 잡무 담당 관서. 왕을 알현하는 사람들을 안내하며 궐내 문을 단속하거나 시설물을 관리했다.

경지략》은 대체로 1830~1842년 사이에, 〈한양가〉는 1844년에 저술한 것으로 추정되고 있으니 둘 다 거의 비슷한 시기의 한양을 묘사하고 있는 셈이다. 다만 《한경지략》은 한문으로 저술하여 몇 종의 필사본만 전하는 데 비해 〈한양가〉는 한글로 된 가사로서 필사본뿐만 아니라 1880년에 방각본 업자가 목판 인쇄한 것도 전한다는 차이가 있다.

하나는 산문이요 다른 하나는 운문이고, 전자는 한문으로 후자는 한글로 기록했다. 궁궐이나 관청일을 하는 사람이라는 공통점은 있었지만, 저자의 신분이나 배경도 달랐다. 이런 차이점은 같은 시기 한양에 대한 전혀 다른 재현으로 나타났다. 그럼 이 두 자료가 묘사하는 19세기 한양은 얼마나 다를까?

우선 같은 궁궐과 관청을 묘사하더라도 양자는 초점이 다르다. 예를 들어 궐 안에 있던 여러 관서에 대해 서술할 때 《한경지략》에서는 승정원, 홍문관, 춘추관 등의 문한기관文翰機關에 대청, 빈청 등 문관들이 드나드는 곳을 중심으로 서술했다. 그중에서도 자기와 연이 깊은 규장각은 정조 때의 옛이야기를 비롯해서 전각의 구조, 심지어 우물 물맛 같은 주변의 환경까지 주절주절 길게 설명했다. 그에 비해 〈한양가〉에서는 내시나 각종 금군, 궁녀나 무수리들이 궁궐의 주인공이다. 한 구절을 보자(내용 이해를 위해 현대어로 풀었다).

건장한 무예청은 자주색 군복 남색 전대에

십팔기예를 주장하니 기상이 용맹하다

밤이면 호피 두건 호피 군복 세모 방망이에

파수마다 앉았으니 호분군 되어 있고

맵시 있는 액정서 별감은 이팔청춘 아이로다

당당 홍의 보라색 두건 남색 넓은 띠를

가슴에 눌러 띠고 빛 좋은 순금 동곳

큰 대 자 새겨 내어 모양 좋게 꽂아 있고 ······

각 처소 나인들은 안 일을 맡았는데

지밀 침방 수방이며 생것방 소주방이

여러 관청 각각 맡아 아침저녁 문안이며

의대 치수 묻고 침선이며 수라 진찬 직분이로다

• [그림 1] 〈유곽쟁웅遊廓爭雄〉(술집에서 싸우다)
신윤복, 《혜원전신첩惠園傳神帖》, 종이에 채색, 28.2×35.6cm,
* 소장처: 간송미술문화재단.

•• [그림 2] 〈야금모행夜禁冒行〉(통행금지 시간에 몰래 다니다)
신윤복, 《혜원전신첩惠園傳神帖》, 종이에 채색, 28.2×35.6cm,
* 소장처: 간송미술문화재단.

빨간 두루마기에 남색 띠를 두른 이가 별감이다. 수염이 없는 뽀얀 피부, 노란
갓 등 컬러풀한 차림새는 이 사람이 멋쟁이 젊은이임을 알 수 있다. 조선 후기
별감은 기생집 주인이나 기둥서방 노릇을 하는 경우가 많았는데, [그림 1]에
서는 그 기방 앞에서 벌어진 싸움을 말리고 있고 [그림 2]에서는 아마도 기생
집에 가려는 양반네와 흥정을 하고 있는 듯하다.

나이 많은 무수리는 저근머리 긴 저고리

검푸른 빛 무명 넓은 띠에 문패를 비껴 차고

각 궁궐 노자(종) 모양들은 벙거지 넓은 갓끈

두루마기 짙은 남빛 소매 길게 하여 입고

내병조 군사 문마다 지켜 있어

잡인을 금하고 가죽 채찍 손에 들고

이리 뛰며 저리 뛰니 기상이 사납구나(〈한양가〉 중에서)

〈한양가〉에서는 무예청의 군인, 액정서 별감, 궁궐 나인뿐만 아니라 무수리와 궁을 출입하는 종에 대해서까지 묘사했다. 이에 비해 궐 안의 문관 중에서는 승정원 승지만 조금 자세히 설명했을 뿐, 나머지 홍문관, 내각의 각신, 춘추관의 한림 등은 관직 이름이나 한번 언급해 주는 데 불과하다. 이렇게 두 자료를 보면, 궁궐이라는 무대에서 오가는 사람들이 전혀 다르게 느껴진다. 특히 《한경지략》은 궁녀나 무수리 등에 대해서는 아예 언급이 없다는 점에서 상층 엘리트 사회의 남녀 내외 분위기를 여실히 드러낸다.

〈한양가〉에서 도성 안의 여러 공간 중 가장 공들여 노래하고 있는 부분은 바로 시전이다. 남대문 칠패시장부터 시작하여 수각다리, 큰 광통교, 광통교, 구리개를 짚어 가며 각 점방과 그곳에 진열된 온갖 산물을 노래하는 이 부분은 마치 VR(가상현실) 여행이라도 하는 것처럼 눈앞에 시전거리가 펼쳐지는 느낌이다. "우리나라 소산들도 부끄럽지 않건마는 타국 물화 교합하니 온갖 시전

장할시고"라는 구절에서 드러나듯이 이렇게 번화한 시장의 모습은 이 수도와 나라의 번성함을 증명한다.

이에 비해《한경지략》에서 가장 개성적인 부분은 '각동', 즉 한양의 여러 동에 대해 다룬 항목이다. 이 항목은《한경지략》에서 모델로 삼은《신증동국여지승람》이나《문헌비고》에는 없어서, 유본예 개인의 창의성이 돋보이는 부분이기도 하다. 그런데 이 각동 항목의 서술 초점은 그곳을 거쳐 간 수많은 유명 인물의 사적이다. 생민동에는 박팽년의 옛집이 있고, 필동에는 윤선거의 옛집이 있으며, 묵사동에는 이안눌과 조현명의 옛집이 있었다. 이러한 서술을 통해 수도 한양은 역대의 명사와 현인이 거쳐 간 곳으로 현창되었다. 〈한양가〉나《한경지략》이나 둘 다 한양이 정말 훌륭한 곳이라고 현창하고 있다는 점에서는 같지만, 그 이유가 다른 것이다.

같은 공간을 설명하면서도 가장 큰 차이가 나는 대표적인 부분으로는 송석원松石園을 들 수 있다. 〈한양가〉에서는 놀기에 좋은 누대와 강산을 꼽으며 송석원, 옥류동 등을 들었다. 송석원과 옥류동은 인왕산 아래 서로 가까이 있었는데, 이곳은 석벽과 그 사이로 흐르는 물이 어우러진 경치로 이름이 높았다. 이 중에서 송석원은 18세기 평민 시인 천수경 등이 주도한 송석원시사, 일명 옥계시사가 열린 곳이기도 하다. 이 시사는 중인층 시단의 모체가 되어《풍요속선》을 간행하는 등 당대 번영했던 중인층의 문학적 성취를 상징한다. 한편 옥류동에는 문장으로 이름이 높았던 장동 김문 김창협 집안의 청휘각이 있었다. 〈한양가〉에는 김창협의 이름은 나오지 않는다. 그래도 송석원과 옥류동이 모두 놀기 좋은 곳으로 나온다. 이에 비해 《한경지략》에는 옥류동과 김창협의 청휘각만 나온다. 위치를 볼 때 송석원이 청휘각과 매우 가까웠고 18세기에 꽤나 유명했던 시사가 열렸던 장소였는데도 유본예는 이 정보를 선택하지 않았다.

여항閭巷(백성의 살림집이 많이 모여 있는 곳)의 문화에 대한 유본예의 선 긋기는 누각동에 대한 서술에서 더 직접적으로 드러난다. 그는 인왕산 아래 누각동에 대해 "지금은 여항의 서리배가 많이 사니, 사대부는 살지 않는다"라고 하며, 여항 서리와 사대부를 구별지어 버렸다. 거기다 다양한 사람들로 구성된 여항의 사람들을 '서리배'라는 말로 뭉개 버렸다. 한산거사의 세계에서 여항 서리배를 세분하여 서술하고, 사대부 역시 기생집을 드나들고 화살을 쏘며 놀던 사람들로 묘사하는 것과는 아주 대조적이다. 유본예와 한산거사가 보는 세계는 이렇듯 달랐다.

비슷한 시기를 살아간 유본예가 〈한양가〉에 담긴 이러한 한양의 일상을 아예 몰랐을 리는 없다. 그러나 유본예는 그러한 일상을 모두 담는 것이 의미 있다고 생각하지 않은 것이다. 그는 당대 한양의 여러 모습에 일정한 선을 긋고 자신이 의미 있다고 생각한 모습만을 전달하려고 했다.

후대 지리지가 편찬될 때 혹여 자신이 저술한 《한경지략》이 참고가 되었으면 했던 유본예의 바람과는 달리, 이 책은 그렇게 널리 알려지지는 못했던 것 같다. 목판이나 활자로 간행되지도 않았으며, 현재까지 알려지기로는 약 네 종의 필사본이 전해지고 있으니 필사 대상으로도 그렇게 대단한 인기를 끌었다고 보기는 힘들다(그나마 그중 대부분은 20세기에 들어 필사된 것이다). 이에 비해 〈한양가〉는 1880년에 목판본으로 간행되었고, 조금씩 표기법 등이 다른 판본이 확인되고 있어, 여러 종의 판본이 만들어진 것으로 보인다. 조선 시대에 어떤 것이 목판으로 간행되었다는 것은 대단히 인기가 있었거나, 정부에서 널리 이걸 유포하겠다는 강력한 의지가 있어야 가능했다. 작자도 분명하지 않은 〈한양가〉가 방각본 업자에 의해 목판으로 간행됐다는 것, 그것도 한 업자만 뛰어든 게 아니라 다른 업자도 손을 댔다는 것은 이 노래가 얼마나 인기였는지를 알려 준다.

조선 말 사람들이 선택한 한양의 이야기는 유본예의 《한경지략》이 아니라 한산거사의 〈한양가〉였다. 흥청흥청 놀이를 벌이며 도시의 화려함을 즐기던 '여항의 서리배', 노비부터 사대부까지 온갖 구성원이 이 도시 풍경의 배우로 등장한 그 이야기 말이다. 글의 형식 자체도 〈한양가〉의 인기에 한몫했다. 〈한양가〉는 옛말이라 좀 낯설어서 그렇지, 한글 노래답게 4·4, 3·4로 박자를 맞추며 노래를 부를 수 있다. 가만 읽고 있으면 머릿속에서 판소리처럼 가락이 붙어 재생되는 느낌까지 든다. 기본적으로 노래나 구술을 염두에 둔 것이기에 구술자료의 특징, 즉 주변 사물이나 사람, 풍경 등 사소한 것들을 반복적인 대구 등을 통해 생생하게

[그림 3] 〈청휘각晴暉閣〉
정선,《장동팔경첩壯洞八景帖》, 종이에 채색, 33.1×29.5cm.
김창협 집안의 청휘각은 옥류동의 명소였다. [그림 3]을 그린 정선은
송석원시사가 열리기 이전을 살았던 사람이므로 그의 그림에
송석원이 표현되지 않은 것은 당연하다.
* 소장처: 국립중앙박물관.

[그림 4] 〈송석원시회도松石園詩會圖〉
이인문, 종이에 채색, 25.6×31.8cm, 개인 소장.
1791년 여름 송석원시사 동인들이 송석원의 천수경 집 인근과
규장각 서리였던 김의현의 집에서 가진 모임을 기념하여 만든
화첩에 포함된 이인문의 그림이다. 송석원시사에 참여한 김의현은
유본예가 《한경지략》에서 낮잡아 본 '여항 서리배' 중 하나일 것이다.
　　　　송석원시사와 동시대를 살아간 유본예의 《한경지략》의 묘사는
정선의 시대, 청휘각만 있던 옥류동에 머물러 있다. 한편 〈한양가〉를 지은 한산거사는
송석원을 그저 놀이처 중 하나로만 언급했지 이런 시회를 얘기하지는 않았다. 그러나
송석원시사의 참여자들인 '여항인'은 우아한 시회를 즐기는 존재로 자신들을 묘사했다.
이 사례는 같은 시대, 같은 공간을 계층에 따라 전혀 다르게 기억할 수 있다는 점,
그것이 서로 다른 기록매체에 다르게 담겨 있을 수 있다는 점을 잘 보여 준다.
＊출처: 국립중앙박물관, 《미술 속 도시 도시 속 미술》 전시 도록, 2016, 144쪽.

묘사하고 있어서 소리 내어 읽다 보면 눈앞에서 화면이 재생하는 것 같은 느낌까지 든다. 조선 사람들이 《한경지략》이 아니라 〈한양가〉를 선택한 것은 어쩌면 지극히 당연하다.

〈한양가〉의 이야기는 매력적이었다. 온갖 군상이 야단스러운 이 노래는 당대 이 도시의 신분제가 이완되어 가던 분위기를 잘 보여 준다. 이에 비해 《한경지략》이 전하는 이야기는 같은 시기라고 보기 힘들 정도로 여전히 경직되어 있다. 그러나 이 역시 이 시대의 분위기였다. 과거의 영광을 붙들고 신분뿐만 아니라 다른 문화적 요소로도 자신을 구별 짓고 싶어 하던 상층 엘리트의 분위기.

〈한양가〉의 주인공이며 당대 꽤나 인기를 끈 여항의 서리배, 왈짜가 새로운 시대의 전망을 보여 주는 인간군이었냐 하면 그것도 아니다. 결과를 아는 입장에서 보면, 왈짜는 본질적으로 기성 권력에 기생하며 도시의 화려함에 거드럭대던 존재에 불과했으며, 유본예는 과거의 영광만 붙잡고 있었을 뿐이다. 두 책은 서로 다른 부류의 사람들이 갖고 있었던 서로 다른 욕망을 보여 준다. 하나는 도시의 화려함, 다채로운 인간군상을 야단스럽게 묘사했고 사람들은 휘황한 도시 풍경을 전해 주는 이 이야기를 좋아했다. 다른 하나는 비록 세상에 쓰일 데는 없지만 자신이 천하를 이끌고 가는 존재라는 점을 잊고 싶지 않은 욕망을 담았다. 이렇게 장르와 문자가 서로 다른 글에 서로 다른 욕망과 서로 다른 한양의 모습이 실려 오늘까지 전해지고 있다.

서울, 그리고 서울을 부르는 수많은 한자어

한문·한자는 정치적·사회적 등급을 매기고 차이를 구별해 내는데 굉장히 민감하다. 특히 국가 사이의 등급을 구분하는 데 철저한데, 등급이 분명히 나뉜 봉건제적인 책봉—조공 질서는 이런 언어/문자와 조응한다. 그렇기에 한자·한문의 세계에서는 황제와 제후, 대부와 사 사이의 등급은 엄격히 구분되어야 하고, 각 등급에 따라 분수에 맞는 말과 행동을 해야 '참람'하지 않게 된다.

예전에 영화 〈남한산성〉에서 김상헌 역을 맡은 배우 김윤석 씨가 인터뷰에서 이런 얘기를 한 적이 있다.

> **기자**: 그 많은 문어체 대사를 어떻게 외웠나? 어려움이 많았을 것 같다.
>
> **김윤석**: 어려운 한자어가 많았다. 예를 들면 "참람한" 같은 단어들 말이다. 그런 단어들은 수시로 한자 사전을 찾아보며 공부했다(《스포츠한국》 2017년 10월 23일 자).

다른 인터뷰에서도 어려운 대사의 대표 격으로 늘 이 말을 들었던 걸 보면, 김윤석 씨는 '참람하다'는 표현이 정말 생경했던 모양이다. 그렇지만 나는 이 인터뷰에 되레 약간 놀랐다. 한국사 전공자, 적어도 조선 시대 전공자라면 '참람하다'는 너무 자주 보는 단어여서 일반인이 이걸 모를 것이라고는 미처 생각하지 못했기 때문이다(전공자란 원래 그렇게 자기 우물 속에 갇혀 사는 사람이다).

 '참람하다'는 말은 등급을 뛰어넘어서 분수에 맞지 않는다는 의미다. 제후가 황제같이 굴거나 신하가 왕이나 할 수 있는 의전을 침범하는 경우를 말하는데, 예를 들어 "금과 은은 관직의 품계에 따라 그 사용을 제한하여 서민이 참람하게 사용하지 못하도록 하소서" 같은 식으로 쓰이는 말이다. 이렇게 길게 설명해도 일반인에게는 이 단어가 여전히 몹시 낯설 것이다. 이젠 우리는 공식적인 차원에서는 '참람'하고 말고 할 신분이 존재하지 않는 사회에 살고 있기 때문이다.

 정치이념의 측면에서 절대 '참람'해서는 안 된다는 규제가 강한 질서가 바로 책봉—조공 질서다. 이는 하늘의 유일한 아들인 천자와 그로부터 책봉을 받아 자신의 영역을 다스리는 제후로 구성된 매우 수직적인 질서로서, 한문은 이 질서를 개념화하고 유지하는 언어이다. 그렇기에 한문과 한자는 그 언어에도 정치적 등급이 철저하게 나뉘어 있다. 그러나 주변부 사회의 언어는 그렇지 않다. 이를 잘 보여 주는 것이 17세기 청나라가 러시아와 맺은 네르친스크 조약과 캬흐타 조약이다.

 중국 외교사를 연구하는 구범진은 네르친스크 조약과 캬흐타 조약의 만주어문 전문과 한문 전문의 차이를 통해 두 언어가 보여 주는 다른 세계를 지적한 바 있다. 예를 들어 네르친스크 조약의 만주어 전문을 보면 청의 강희제를 "dulim-bai gurun i enduringge hūwangdi(가운데 나라의 성스러운 황제)"로, 러시아의 표트르 1세는

"oros gurun i cagan han(오로스 나라의 차간 한)"으로 표기하여 둘의 지위를 대등하게 처리했다. 여기서 '가운데 나라'는 한어 '중국'을 만주어로 옮긴 것이고 '오로스'는 만주어로 러시아를 가리킨다. 이외에도 조약의 여러 군데에서 "juwe gurun(두 나라)" 등 양국을 대등하게 언급하는 표현을 써서 양국의 평등성을 드러내었다. 이에 비해 이 조약의 한문 텍스트에는 만주어 조약문 같은 평등성이 잘 드러나지 않는다. "두 나라"같이 양국이 평등하다는 느낌이 드는 단어는 아예 사용하지 않거나 다른 단어로 대체해서, 일부러 이 조약의 평등성을 은폐한 것이 아니냐는 혐의까지 불러오기도 한다. 이렇게 평등하게 설정된 관계는 한문과 한어의 세계에서는 불가능했던 듯, 공식적으로 두 나라가 주고받은 조약문은 라틴어, 러시아어, 만주어뿐이며, 외교 현장에서도 한인은 배제되어 있었다.

이러한 사례를 생각해 본다면 우리말과 한어 역시 그런 차이를 가지고 있지 않았을까 하는 가설을 세워 볼 수 있다. 정치적 질서 등급에 민감한 한어와 그렇지 않은 우리말의 차이 말이다. 이를 볼 수 있는 유물이 하나 있다. 보물로 지정이 된, 임진왜란 때 선조가 내린 국문, 즉 한글 교서이다. 이는 1593년 명군이 참전하여 승기가 우리에게 있으니, 왜에게 잡혔거나 투항한 백성들에게 돌아오라고 하는 글이다. 그런데 흥미롭게도 이 교서에서 명군은 '당병唐兵'으로, 명나라 배는 '강남 배'라고 표현하고 있다.

이제 곧 아니 나오면 왜에게도 죽을 것이고 나라가 평정된 뒤면 너희들인들 아니 뉘우치겠는가? 하물며 <u>당병</u>이 황해도와 평안도에 가득하였고 경상 전라도에 가득히 있어, 왜가 곧 빨리 제 땅에 아니 건너가면 이즈음에 병사를 합하여 부산 동래에 있는 왜들을 다 칠 뿐 아니라, <u>강남</u> 배와 우리나라 배를 합하여 바로 왜 나라에 들어가 다 분탕할 것이니 그때이면 너희들조차 휩쓸려 죽을 것이니, 너희가 서로 일러 그 전에 쉬이 나오라(선조국문교서).

이를 보면 구어의 세계에서는 여전히 중국은 '당'이고 '강남'이었을 뿐이지, 천자니 황제니 하는 등급도 없으며 구체적인 왕조의 이름조차도 분명치 않았음을 알 수 있다. 사실 이 시대를 살아간 대다수 조선 백성은 중원 대륙의 현 왕조 이름이 뭔지 몰랐을 가능성도 크다.

이 문서는 문서 이름을 무엇으로 해야 할지도 사실 정확하지 않다. 조선 시대 고문서는 등급에 따라 그 이름이 까다롭게 구분된다. 상급 관청에서 하급 관청으로 보내는 문서와 그 반대 경우의 문서는 이름이 다르다. 왕의 말씀 역시 종류에 따라 다르고, 왕이 내는 문서와 황제가 내는 문서도 다르다. 그러나 선조가 남긴 이 문서는 "빅셩에게 니르는 글"일 뿐이다. 여기에는 그런 섬세한 등급이 드러나지 않는다.

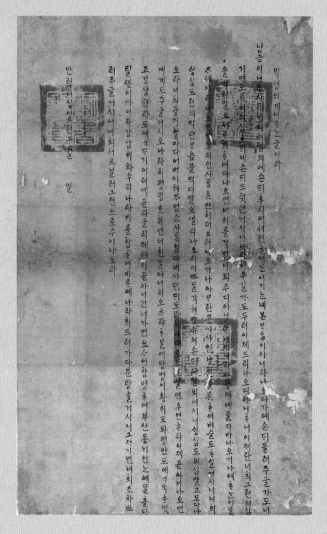

[그림 5] 〈선조국문교서宣祖國文教書〉
문서 이름 붙이기 어려워서인지, 이것을 부르는 이름도 제각각이다.
어디는 교서, 어디는 유서라고 달아 놓고 있다.
＊ 소장처: 김해한글박물관.

여기서 조금 더 구체적으로 조선의 수도를 가리키는 말을 통해 이러한 언어별 차이를 한번 들여다보자. 조선의 서울은 공식적인 행정명칭은 한성부였지만 그건 대부분 서울을 관리하는 관서를 지칭할 때 쓰였고, 굉장히 다양한 말로 불렸다. 한경, 한양, 한성처럼 지역 이름인 '한漢'을 넣은 경우를 제외하고 수도라는 의미로 쓰인 말만 찾아도 그렇다. 경도, 경성, 경사처럼 '서울 경京' 자가 들어가는 말은 물론이고, 국도, 도읍 같은 말도 쓰였고, 왕경, 왕도, 왕성같이 '임금 왕王' 자를 넣은 말도 사용되었다. 우리에게 조금 의외일 수 있는데, '수도'는 근대 이후에 만들어진 말이라, 조선 시대에는 사용된 적이 없다.

한편 황제의 수도를 뜻하는 황도, 황성, 제도 등도 사용되었는데, 주로 중국의 수도를 가리키는 경우가 많았지만 대한제국 시기에는 서울을 가리키는 말로 사용되기도 한다. 특히《황성신문》의 사례에서 볼 수 있듯이 황성은 다른 말에 비해 비교적 사용 빈도가 높았다. 장안이나 낙양, 낙안 등은 원래 중국 한나라나 당나라의 장안이나 낙양에서 온 말이지만, 비유가 그대로 굳어서 우리 서울을 뜻할 때도 그대로 쓰였다. 특히 장안은 지금도 상용구로 많이 쓰지 않는가? '장안의 화제'같이.

이런 다양한 단어가 모두 똑같은 빈도로 같은 용례로 사용된 것은 아니다. 《조선왕조실록》을 통해 검색한 것을 정리해 보면 〈표 1〉과 같다.

단어＼왕대별	경도 京都	국도 國都	경성 京城	도성 都城	도읍 都邑	경사 京師	수선(지지) 首善(之地)	왕도 王都	왕경 王京	제경 帝京	제도 帝都	황도 皇都	황성 皇城
태조	4	2	27	28	4	69	0	3	3	3	0	0	1
정종	2	0	0	0	2	10	0	0	0	0	0	0	0
태종	16	3	45	41	10	255	0	3	6	0	1	1	1
세종	99	28	171	128	14	412	0	9	17	0	1	1	1
문종	8	1	12	22	2	36	0	2	2	0	0	1	0
단종	3	2	7	7	2	12	0	0	5	0	1	0	0
세조	16	5	30	48	2	31	0	1	12	0	0	0	1
예종	2	0	5	6	0	12	0	0	1	0	0	0	0
성종	48	16	100	80	6	251	2	22	17	2	9	1	2
연산군	13	4	23	49	1	76	1	6	1	0	0	0	0
중종	39	25	126	107	2	462	1	8	26	12	15	4	1
인종	0	2	3	0	0	2	0	0	1	0	0	0	0
명종	4	10	54	48	1	166	0	4	5	1	2	2	0
선조	58	43	731	207	5	210	0	8	207	5	7	2	4
광해군	10	6	111	61	1	93	0	2	15	3	7	2	2
인조	9	3	105	82	0	65	0	0	15	4	0	5	20
효종	2	1	24	13	0	22	0	2	1	0	0	0	0
현종	2	1	40	47	0	26	0	2	1	0	0	0	0
숙종	20	16	52	145	1	59	0	1	3	0	0	5	3
경종	0	0	9	1		1	0	0	0	0	0	0	0
영조	10	6	73	87	0	51	0	2	0	0	0	1	2
정조	15	6	50	34	1	73	0	11	2	0	0	1	15
순조	2	5	15	13	1	18	0	1	0	0	0	0	3
헌종	1	1	0	1	0	2	0		0	0	0	0	2
철종	0	1	3		0	3	0	0	0	0	0	0	0
고종	5	6	59	26	1	43	0	1	5	0	0	0	0
대한제국 이후	25	2	20	2		1	0	0	1	0	0	1	3
합계	413	195	1895	1283	56	2461	4	88	346	31	43	27	61

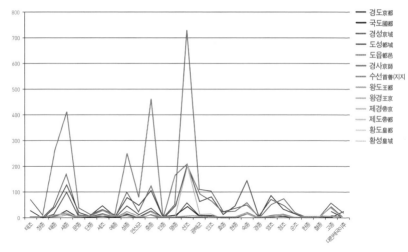

[그림 6] 실록 단어 검색 추출 결과의 왕대별 추이

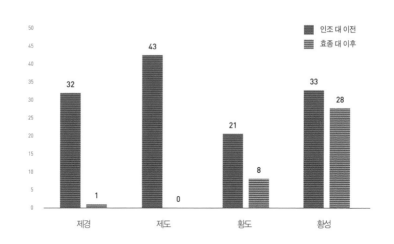

[그림 7] 제경, 제도, 황도, 황성 추출 결과 비교

제경은 효종 대 이후 사용례가 1건, 제도는 인조 대 이후 사용된 예가 없으며, 황도는 효종 대 이후 8건 중에서도 6건은 명의 수도를 지칭했으며 1건은 대한제국 건국 후 한성을 지칭하는 용도였으니, 청의 수도를 지칭한 것은 1건에 불과하다. 황성의 경우 효종 대 이후 사용된 28건 중에서도 고종과 순종 대 사용된 3건은 모두 한성을 지칭하는 것이었고 나머지 2건도 청의 수도와는 무관하여 실제 청의 수도를 지칭한 것은 23건 정도였다.

황도, 황성, 제도처럼 황제의 수도를 의미하는 단어는 대한제국 시기를 제외하면 기본적으로 조선에서 명나라의 수도를 가리키는 데 쓴 사례가 대부분인데, 흥미롭게도 명이 망하고 청이 들어선 이후에 청의 수도를 가리키는 말로는 거의 사용되지 않았다. 청을 진정한 황제의 나라라고 인정하지 않았던 조선의 꼬장꼬장함이 느껴지는 대목이다. 경사 역시 마찬가지였다. 명에서는 수도를 경사로 불렀는데, 명 대의 조선 사료에 나오는 경사는 대부분 명의 수도를 가리켰다. 그러나 이 역시 청이 들어선 이후에는 청의 수도를 가리키는 말로는 거의 사용하지 않았다. 조선의 한양을 가리키는 말로는 사용했을지언정.

　왕경, 왕도처럼 '임금 왕' 자가 들어간 말은 제후국에서 자신의 수도를 칭하는 데 사용할 만한 말로, 조선 사람이 외국 사람과 만나서 이야기를 나눌 때 한양을 왕경이라고 칭한 경우가 많다. 특히 왕경이라고 칭한 사례 대부분이 임진왜란 때 조선에 온 명 장수와 얘기하는 속에서 나오곤 했으니, 이걸 보면 대체로 타국 사람을 만났을 때 내 나라의 수도를 가리키는 말로 사용한 경우가 많다고 하겠다.

　그런데 경도, 경사 등을 포함하여 여러 단어를 모두 추출해 본 총량에 대비해 본다면, 황도, 황성, 제도건 왕경, 왕도건 황제나 제후왕의 등급이 확실한 용어는 그렇게 많이 사용되지 않았다는 점이 흥미롭다. 명의 수도를 가리키는 경사나 연경, 북경, 남경 등 지역명이 들어가 있는 용어가 더 많이 사용되었지, 저렇게 등급을 드러내는 말은 별로 사용하지 않은 것이다. 남아 있는 사료 전체를 다 뒤진 것은 아니고 실록만 검색해 본 결과니까 전체적으로 많이 사용이 안 됐는지까지는 확인할 수는 없지만, 적어도 정부의 가장 권위 있는 공식기록에는 저런 등급을 반영하는 말을 그렇게 쓰고 싶어 하지 않았다 정도는 생각해 볼 수 있겠다.

한편 정말 많이 사용된 말 중 하나는 경성이다. 아마도 이처럼 매우 많이 사용되었기에 일제 시기 서울의 공식 명칭이 케이조, 즉 경성이 되었을 것이다. 그런데 이 '경성'에는 지금은 우리가 잘 모르는 뉘앙스가 있었다. '성'이란 말이 붙어 있듯이 실제로 한양도성을 가리킬 때, 혹은 한양도성과 관련된 얘기를 하거나 성곽의 경계가 연상되는 이야기를 할 때 주로 '경성'이라는 말을 썼다는 것이다. 일제 시기 케이조, 경성은 이미 성곽을 훼철한 후였기 때문에 경성이라고 해도 성곽의 의미가 전혀 남아 있지 않았지만, 조선 시대까지는 '경성'이라고 부를 때 한양도성을 머릿속에서 그리며 사용한 경우가 많다는 의미다. 일제 시기의 '케이조'는 언어와 실재가 유리된 상태였다.

경성이 성곽과 관련한 뉘앙스를 담고 있는 말이었다면, 경사는 '사'가 '스승 師' 자인 만큼 무언가의 모범이 된다는 뉘앙스가 있었다. 수도가 온나라의 모범이 되어야 한다는 의미 말이다. 이게 더 직접적으로 드러나는 말은 김정호의 〈수선전도〉에서 쓰인 '수선首善' 혹은 '수선지지'이다. 원래 수선이라는 표현은 성균관을 가리키는 말인데, 의미가 확장되어 서울을 가리키는 말로도

　　　　　한문이 말하지 못한 한국사 ──●

① 〈수선전도〉 목판

(출처: 문화재청)

② 〈수선전도〉 목판본

(소장처: 서울역사박물관)

③ 〈수선총도〉 목판본

(소장처: 서울역사박물관)

④ 〈수선총도〉 목판본

(소장처: 용산역사박물관)

[그림 8] 19세기 유행한 수선전도류 목판본 지도

'수선' 이라는 말의 유행도 조선적 현상이다.

사용되었다. 이는 선善을 이끌고 가야 하는 땅이라는 말로서, 조선 시대에는 도덕적 교화가 왕으로부터 시작하여 방방곡곡까지 뻗어 간다고 생각했기 때문에 붙여진 이름이다. 즉 왕이 거주하는 수도가 교화의 중심지라고 생각한 것이다. 왕으로부터 시작하는 도덕적 교화, 즉 왕화王化는 성리학에서 매우 중시하는 것이어서 그랬는지, 조선 시대 자료에서는 심심찮게 '수선'이라는 단어를 찾을 수 있지만 고려 시대 자료에서는 찾을 수가 없다. 이 역시 흥미로운 대조라 하지 않을 수 없다.

이렇게 길게 조선 시대 한성부, 수도를 가리키는 한자 단어를 늘어놓았지만, 우리말 단어는 딱 하나뿐이다. '서울'. 서라벌에서 온 말이라고는 하는데, 이것은 그저 '서울'일 뿐, 황제와 왕의 등급도 없고, 성곽이나 도덕적 교화도 그 무엇도 담겨 있지 않다. 19세기 말 편찬된 한영사전인 게일Gale의 《한영ㅈ뎐》에서는 경사나 경성, 경 등을 수도를 가리키는 용어로 풀이하면서 "The capital – Seoul"이라고 해설했다. 이로 볼 때 구어의 세상에서는 우리말인 서울, 한자어 중에서는 경사나 경성 정도를 썼던 것으로 짐작해 볼 수 있다.

이러한 온도 차는 한문 자료로부터 과도하게 당대의 상을 뽑아내는 것의 위험성을 암시한다. 한문 자료의 표면적 선언만 보면 책봉–조공 질서에 목매고 살면서 '참람'하지 않게 살기 위해 난리를 쳤던 것 같은 조선인들이, 사실은 등급이 철저하게 드러나는 한어 사용을 슬쩍 피하고 대체어를 주로 활용했다는 것을 알 수 있기에 의미가 있다. 더구나 우리말과 구어의 세상에서는 그런 등급이 드러나지 않는 말을 주로 사용하며 생활했다. 이들은 우리들의 생각과는 달리 한어의 세계에 완전히 동화되지 않았으며, 혹은 그 동화의 인력에 태업을 벌이며, 그와 구별되는 자신들의 세계관을 여전히 가지고 있었다. 사실 일방적인 완전한 동화라는 개념은 인간을 모르고 하는 소리다. 인간은 모두 자기 나름의 꿍꿍이를 가지고 있다.

02

이두·향찰의 시대에서
한문의 시대로

1,400년이나 쓰인 이두·향찰·구결

국립중앙박물관 불교조각실 한 켠에는 사람 크기 정도 되는 두 개의 석조 입상이 있다. 감산사 석조미륵불과 아미타불 입상이다. 1915년 조선총독부에서 경주 일대 고적을 조사하다가 감산사 터에서 발견한 불상인데, 그해 경복궁에서 '시정 5주년 기념 조선물산공진회'를 개최하는 데 맞춰 서울로 옮겨 전시했다. 경복궁의 전각을 헐고 지은 특설미술관에서 전시된 이래 두 불상은 박물관 소장품이 되어 오늘에까지 전해지고 있다.

이 두 불상은 조성 내력도 알려져 있다. 8세기 김지전 혹은 김지성이라 하는 이가 관직에서 은퇴하고 한가로운 생활을 하다, 국왕과 이찬 개원공, 돌아가신 부모님과 가족 등의 복을 빌기 위해 자

[그림 9] 감산사 석조미륵보살입상(좌)과 석조아미타불입상(우)
* 소장처: 국립중앙박물관.

신의 재산을 희사하여 감산사를 창건하고 두 불상을 조성한 것이다. 이러한 자세한 이야기가 각 불상의 광배 뒷면에 새긴 조성기와 《삼국유사》 등에 전한다. 이 불상은 미학적 가치를 떠나서 그 내력만으로도 주목할 만하다.

이 중 아미타불 입상의 조성기에는 역사적으로 유명한 의외의 인물명이 등장해서 눈길을 끈다.

> 개원 7년(710) 기미년 2월 15일에 내마 총聰이 왕명을 받들어 지었고, 사문 석 경융, 대사 김취원이 (썼다)(감산사 석조아미타불입상 조성기).

바로 이 조성기를 지었다는 내마 '총'이라는 인물이다. 내마는 관직명으로, 학계에서는 이 내마 총이 이두를 만들었다는 전설 속의 그 설총이라고 보고 있다. 생몰 연대를 맞춰 보았을 때 들어맞고, 이 조성기에서도 어미 등에 이두를 사용해서 표현했기 때문이다. 《삼국사기》에서는 남쪽 지방에 더러 설총이 지은 비명이 있으나 글자가 떨어져 나가 읽을 수가 없다고 하기도 했으니, 아마도 이 조성기가 그렇게 남쪽 지방-경주 인근-에 남은 설총의 얼마 안 되는 작품 중 하나였을 것이다.

흔히 설총은 이두, 즉 한자의 음과 뜻을 이용하여 우리말을 표기하는 표기법을 창안했다고 알려져 있다. 그러나 설총이 태어나기도 훨씬 전에 이두식 표현을 사용한 비석이 여러 곳에서 발견되기 때문에 그가 처음으로 이두식 표기법을 만들어 낸 것이라고 보기는 힘들다. 학계에서는 설총이 이두의 창안자가 아니라 그 표기법을 집대성, 정리한 인물이었을 것으로 보고 있다.

'이중적 문자 생활을 한 전근대'라고 하면, 흔히 훈민정음과 한문을 쓰고 있는 모습만 상상하기 쉽다. 그만큼 훈민정음 창제가 현재의 우리에게 미치고 있는 영향이 크기 때문일 것이다. 그러나 사실 우리말 소리를 처음으로 표기한 방법은 향찰이나 이두처럼 한자의 뜻과 음을 빌려 사용한 차자 표기법이었다(향찰, 이두, 구결 등 사용된 목적과 종류에 따라 다르게 부르는데, 이후로는 이들을 총칭해서 부를 땐 차자 시스템이라고 부르겠다).

지금은 아무도 쓰지 않아서 전문가나 따로 공부하는, 잊힌 문자 체계이지만, 사실 사용된 햇수만 놓고 보면 늦어도 6세기부터 19세기 말까지 1,400년 정도 사용되었다. 15세기 훈민정음이 창제되기 전까지는 우리말을 발음대로 표기하는 수단은 차자 시스템밖에 없었다. 6세기 삼국 시대부터 조선 초까지 근 900년이니, 역사적으로 결코 무시할 수 없는 긴 시간이다. 이에 비하면 훈민정음의 역사는 600년이 안 된다. 또한 삼국 시대에 사용된 차자 시스템은 일본의 문자체계에도 영향을 주었다. 초기 일본의 연구자들은 자국의 차자 표기법을 독자적인 것으로 여겼으나 한국에서 삼국, 고려 시대의 관련 자료들이 뒤늦게 발견되면서 이제는 상호 연관성이 높은 것으로 보고 있다. 이러한 차자 시스템에 대해 우리는 너무 무관심하다.

한문이 말하지 못한 한국사 ──●

그럼 차자 시스템이 우리말을 표기하던 시절, 그것이 담고 있었으나 이제는 단절된 기억이 있지 않았을까? 앞에서 이야기한 '인아유목'처럼 당연히 그런 기억이 있을 것인데, 그러한 종류의 퍼즐 하나를 맞춰 보자.

《고려사》 악지에는 고려 시대 궁중에서 불렸던 노래가 수록되어 있다. 우리가 흔히 '고려가요'라고 부르는 노래들인데, 여기에는 노래의 제목이나 대략의 취지, 혹은 한문 번역 가사만 실려 있을 뿐 노랫말이 수록되어 있지는 않다. 우리가 교과서에서 배우는 고려가요는 조선 성종 대 《악학궤범》 등 이후에 편찬된 책에 수록된 것들이다.

이 《고려사》 악지에 수록된 곡 중에 〈한송정〉이라는 노래가 있다. 가사는 전하지 않고 다음과 같은 노래의 뜻과 내력만 전한다.

세상에 전하는 말에 의하면 이 노래가 비파 밑바닥에 쓰여 강남(중국)으로 흘러갔는데 강남 사람들이 그 가사를 해석하지 못하였다고 한다. 광종 조에 장진공이 사신으로 강남에 갔을 때 거기 사람들이 그 〈가사〉의 뜻을 물으니, 진공이 시를 지어 풀이하기를,

"달빛 밝은 한송정 밤,
물결 잔잔한 경포대 가을.
슬피 울며 오고 가는 것은
믿을 수 있는 갈매기 한 마리일세"라고 하였다(《고려사》 권71,

지 제25 악 2 속악 한송정).

여기서 주목이 되는 건, 비파에 새겨진 이 노래를 중국 사람들이 해석하지 못했다는 점이다. 그래서 학계에서는 이 노래가 향찰로 비파에 새겨진 노래, 즉 향가였을 것으로 보고 있다.

향가는 민간에서 막 지어 부르던 대중가요가 아니었다. 《삼국유사》에서는 향가가 《시경》의 송頌과 같은 것이라고 했는데, '송'은 종묘의 제사에서 쓰는 악을 의미한다. 요즘으로 따지면 종교음악 같은 것이다. 그러니까 향가는 여느 종교음악이 그렇듯이 엄숙하고 신성한 자리에서 불리던 노래였다.

향가는 국선, 즉 화랑의 문화와 관련이 깊었고 불교 문화와 떼려야 뗄 수가 없었다. 《삼국유사》의 〈월명사 도솔가〉편(권5, 제7 감통)에서는 월명사가 "승은 단지 국선의 무리에 속해 있어서 그저 향가나 알 뿐 범성(범어 노래)에는 익숙하지 못합니다"라고 한 이야기가 전한다. 또 다른 편에서는 대구화상이 국선 요원랑 등이 지은 노래에 곡을 붙였다는 이야기도 전하고 있어서, 승려-화랑 집단이 향가의 주요 창작자, 혹은 향유자였음을 짐작할 수 있다. 그 내용도 임금을 찬양하고 충성을 맹세하는 것으로 임금 앞에서 부르거나(대구화상의 곡), 재변을 없애기 위해 임금의 청탁으로 짓곤했으므로(〈도솔가〉) 결코 평범한 유행가는 아니었다.

〈한송정〉 역시 이러한 신라 향가의 특징과 맥을 같이한다. 한송정은 지금 강원도 강릉시에 있는 정자로, 신라 시기 유명했던 사선四仙(네 명의 국선, 즉 화랑)이 노닐었던 곳이라 전한다. 그 네 명은 술랑·남랑·영랑·안상이라고 하는데, 고려 시대 내내 명성이 자자했던 인물들이다. 고려를 대표하는 국가의례인 팔관회는 이틀에 걸쳐 진행되었는데, 그중 첫날인 소회일의 연회는 사선악부가 중심이다. 정확한 내용은 전하지 않지만, 이름을 보아 이 사선의 행적을 기리며 국선이 중심이 되어 펼쳤을 것이라 짐작한다. 아마 〈한송정〉도 이때 불리지 않았을까 싶다.

그런데 이 이야기는 우리에게 너무 낯설다. 우리에게는 '사선'의 존재도, 그 이름도 낯설기만 하다. 대중이 아는 화랑은 김유신이 제일 유명하고 그다음으로는 사다함 정도일 것이고, 화랑 얘기는 다 신라 시대에 국한된 이야기로만 알고 있기 때문이다(아니면 철권의 캐릭터 정도?). 그러나 고려 사람들은 '사선'이라고 하면 그들이 누구인지, 그들이 왜 유명한지 다 알았다. 장진공이 술술 해석했듯이 〈한송정〉 노래 정도는 다 알고 부르고 다닐 수도 있었다. 사선의 이야기는 고려 말까지도 상식이었다. 고려 말 사람인 이곡이나 기황후의 오빠인 기철 같은 이가 동해안 일대에 퍼져 있는 이들의 사적을 직접 찾아다니며 여행을 할 정도였다. 우리는 고려 시대에도 화랑 혹은 국선의 위상이 이렇게나 중요한 위치를 차지하고 있었다는 것은 잘 모르거나 국선의 존재는 알더라도 그냥 흘려 보는 경우가 많다.

고려 말까지도 국선은 꾸준히 선발되었다. 13세기 후반에서 14세기 전반을 살아간 민적이 대표적이다. 좋은 집안 출신인 민적은 날 때부터 수려한 외모로 친척들의 주목을 받았다. 열 살에 절에 나가 글을 배우자 그의 외모와 총명함을 사모하여 사방에서 그를 추종하는 무리가 몰려들었다. 바로 화랑을 추종하는 무리, 낭도이다. 이게 소문이 나자 충렬왕이 불러 보고는 국선으로 삼았다. 이를 보면 화랑과 낭도, 불교계를 중심으로 하는 문화가 이때까지도 지속되고 있었음을 알 수 있다. 향가 역시 13세기 중엽까지도 불교계를 중심으로는 향유되고 있었던 것으로 추정이 된다. 그러니까 그 시대를 살아간 승려 일연이 《삼국유사》에 14수나 되는 향가를 수록할 수 있었을 것이다.

그러나 13, 14세기를 거치며 차자 시스템의 위상이나 내용이 예전과 같지 않았다. 문자의 위상이나 활용도에 큰 변화가 온 것이다. 향찰처럼 차자를 전면적으로 활용하여 우리말 전체를 소리나는 대로 수록하던 전통이 이 무렵이면 사실상 거의 단절된 것으로 보고 있다. 새로운 향가의 제작은 이보다 더 이른 시기에 단절된 것으로 추정하기도 한다. 화랑의 위상 역시 점점 하락하여, 조선 후기가 되면 박수무당이나 몸 파는 남자를 가리키는 용어로 전락하게 된다. 이렇게 국선-불교-차자 시스템의 문화 역시 잊히기 시작했다. 그러나 이렇게 잊혔다 하여 고려 시대 차자 시스템이 구성하고 있었던 실재에 대해 신경 쓰지 않는다면, 우리는 고려 문화의 고갱이를 잃게 될 것이다.

향가와 한시, 나란히 걸리다

개성의 옛 성균관에 자리 잡은 북한의 고려박물관 뜰에는 개성 현화사의 비석이 있다. 이 비석의 제액은 11세기 현화사를 세운 고려 현종이 직접 쓴 것이다. 고려 현종은 파란만장한 어린 시절을 보내고 추대 형식으로 어렵사리 왕위에 즉위했다. 그는 재위 초기 거란의 침략을 물리친 후, 왕위를 강화하기 위한 조치를 취했다. 먼저 자신의 부모를 왕과 왕후로 추존하고 멀리 사천에 있던 아버지 무덤을 개경 인근으로 이장했다. 태조 왕건과 아버지에게 제사드리는 경령전을 궁궐 안에 창건하고 부모를 위한 사찰로 현화사를 창건했다. 현화사는 부모 추존의 정점이었다.

이러한 격에 걸맞게 현화사에는 송에서 입수한 대장경, 진신사리와 불아佛牙(석가모니의 치아), 국왕이 친히 쓴 어제 전액 등 당대 멋있다는 상징물은 죄다 갖다 두었다. 그런데 그곳에 한시와 함께 경찬 사뇌가, 즉 향가를 걸었다. 중심 건물인 법당 밖에 말이다. 현화사 법당 건물 밖에는 나무판에 임금의 어제 시와 여러 문관이 이 절을 찬미하여 지은 한시를 써서 걸었는데, 그와 함께 임금이 지은 향풍체 노래와 신하들에게 명하여 지어 올리게 한 사뇌가(10구체 향가)도 걸었다. 현화사비에서는 다음과 같이 한시와 향가를 나란히 건 이유를 설명했다.

구경 온 사람들이 모두 자기 자신이 익힌 바에 따라서 아름다

• [그림 10] 현화사비
북한 개성 고려박물관, 북한의 국보급 문화재 제40호.
* 출처: 개성 만월대 남북공동발굴 디지털기록관.

•• [그림 11] 현화사비 탑본
제액 부분. 272.7cm×133.9cm.
* 소장처: 국립중앙박물관.

운 뜻을 알게 하고, 찾아온 사람들이 걸려 있는 시들을 보고서 노래한 뜻을 알게 하여, 아름다운 소리가 두루 퍼져서 훌륭한 다스림이 완성되게 하고자 한 것뿐이다(《현화사비 음기》).

향가를 노래할 사람은 노래하고 한시를 읊을 사람은 읊으면서 이 절이 얼마나 멋진 곳인지 감상하고 가라는 이야기인데, 향가에 대한 지식과 한시에 대한 교양을 나란히 열거했다는 점에서, 이 시대 차자 시스템으로 기록된 향가의 위상이 결코 한시에 뒤지지 않았음을 알 수 있다.

흔히 한문은 동아시아 사회에서 유럽의 라틴어와 같은 역할을 했다고 한다. 중국, 베트남, 한국, 일본 등 동아시아 여러 국가에서 일종의 보편 문어로 기능했다는 의미이다. 일견 맞는 말이다. 그러나 한자와 한문이 도입된 이후로 늘 그렇게 절대적인 위치를 차지했느냐라고 묻는다면 다시 생각해 볼 필요가 있다.

삼국 시대 중국과 교섭한 고구려, 백제, 신라에서 한문은 꼭 익혀야 하는 문자체계였다. 외교문서를 읽고 쓰려면 기본적인 유가 경전이나 유명한 글을 습득해야 하니, 한문으로 된 교양도 확산되었을 것이다. 그렇지만 그래 봐야 그 시대에 외교에 관계한 사람이 얼마나 되었겠는가. 과거시험을 보던 시대도 아니고 어차피 지배층은 한 줌의 귀족 가문이었을 뿐이니, 한문의 영향력이 그렇게 광범위했다고 볼 이유가 없다.

더구나 이 시대에 불교를 도입해 통치이념으로 활용했다는 사실을 다시 새길 필요가 있다. 한역 대장경을 통해 불교를 접했다고는 해도 기본적으로 불교는 인도의 종교였고 한문은 번역어였을 뿐이다. 한역 불경의 너머에는 늘 산스크리트어가 도사리고 있었던 것이다. 그러니까 한문도 중요했겠지만 흔히 범어라고 나오는 산스크리트어 역시 중요한 위상을 차지하고 있었다.

종교 의례에서는 기본적으로 주문이나 노래의 주술성이 매우 중요하다. 불경을 읽는 독경이 재변을 제거하는 방법으로 사용되었던 것, 현재까지도 성경의 주기도문은 글자 하나 틀리지 않고 그대로 외워야 하는 것을 생각해 보라. 심지어 《해리 포터》 시리즈에서도 마찬가지 아닌가? '윙가르디움 레비오우사'를 제대로 발음하지 못한 론 위즐리는 깃털 하나 날릴 수 없었으니 말이다. 마하보리, 사바세계 등 범어를 음차한 불교 용어를 현대에도 여전히 일반적인 한자음과는 다르게 발음하는 것은 불교 문화에서 범어가 차지하고 있던 자리를 보여 주는 사례이다. 그렇다고 한다면 그런 시대에 한문과 한자만이 유일무이한 보편 문자로서 자리를 잡고 있을 이유가 없지 않았을까?

월명사의 〈도솔가〉 이야기를 다시 보자. 신라 경덕왕 때 어느 날 태양이 두 개 뜨더니 열흘 동안 사라지지 않는 이변이 생겼다. 임금이 월명사에게 재변을 없애 달라고 부탁하자 그는 "범어 노래는 잘 못하고 향가만 할 줄 안다"고 했다. 이는 당시 구도가 '향가 대 한시'가 아니라 '향가 대 범성(범어 노래)'이었던 것을 알려 준다. 이렇게 재변을 없애려는 주술적 행위를 할 때 향가의 비교

대상은 불교의 범성이나 범패였다는 것인데, 앞서 얘기했듯이 주문과 노래의 주술적 성격을 생각하면 당연하다고도 볼 수 있겠다. 향가라도 괜찮다는 임금의 말에 월명사는 향가 〈도솔가〉를 지었고, 해가 두 개 뜬 재변을 제거하는 데 성공했다.《삼국유사》에서는 이처럼 향가가 천지 귀신을 감동시킨 것이 한둘이 아니었다며 높이 평가했다. 소리의 주술성이 필요한 분야에서 한문은 큰 도움이 되지 않았다.

불교의 영향력이 강했던 고려 시대에도 사람들은 향가를 계속 지었고 향유했다. 10세기 광종 대 승려 균여는 〈보현십원가〉를 지었고, 12세기 국왕 예종도 향가를 짓기도 했으니 향가의 위상은 여전했다. 담벼락에 향가가 붙어 있었던 경우도 있을 정도로, 대중적 인기도 상당했다.

차자 시스템이 한문 교양과 병렬적인 위상을 가졌다는 점은 현종 대 문묘에 최치원과 설총을 나란히 모셨던 것에서도 알 수 있다. 신라 하대를 살아간 최치원은 당나라에서 문장으로 이름을 날리고 돌아와, 여러 저술을 통해 고려 초까지 많은 영향을 준 인물이다. 한문의 본고장 당에서 문장으로 유명했다는 점에서 최치원이 한문 교양을 상징하는 인물이었다면, 설총은 이두를 집대성한 사람으로서 차자 시스템의 상징적 인물이었다. 설총은 유가 경전을 방언으로 읽었다고 전하는데, 학자들은 이를 그가 경전 구절에 구결을 붙여 읽은 것으로 해석한다. 한문 교양의 상징적 인물 최치원과 그것의 우리말 해석의 상징적 인물이 유가의 학문을 익히는 문묘에 모셔진 것은 당연하다. 이 둘이 병치되는 것에서 이 시대에 차자 시스템이 갖는 위상을 다시금 확인할 수 있다.

이처럼 고려 시대는 문자가 기능하는 환경 자체가 달랐다. 단지 훈민정음의 존재 여부만이 아니다. 내면의 수양은 불교로, 외면의 다스림은 유교로 한다며 양자의 영역을 나누어서 유교가 그렇게 절대적인 위상을 차지하지도 않았으므로, 전체적인 문자생활에서 한문의 위상이 조선 시대만큼 클 수 없었다. 불교 의례에서는 저 멀리 서역 천축국의 언어인 범어가 중요한 위치를 차지하고 있었고, 향가와 같은 우리말 노래도 나름의 영험함을 인정받으면서 역시 중시되었다. 고려 태조가 중국의 풍속을 '당풍唐風'이라 상대화하면서, 굳이 그쪽의 모든 풍속을 따라 할 필요가 없다는 유언을 남긴 것은 이러한 사회조건에 기인한 것이기도 하다.

한문을 읽고 접하는 방식 역시 조선 시대와 많이 달랐다. 이 시대에는 한문을 읽을 때 음독 말고 훈독을 많이 했다. 지금 한자가 섞인 일본어를 이렇게 읽듯이 말이다.

私　　は　手紙　を　読みます。
わたしは　てがみを　よみます。
와타시와　테가미오　요미마스.

이런 점을 상상하면 이 시대 한자의 개념이 어떻게 받아들여졌을지도 의문이다. 예를 들어 황皇, 제帝 등의 차등적 질서를 담은 한자의 개념이 삼국 시대나 고려에서 어떻게 읽혔을지, 사람들이 얼마만큼의 감수성을 가지고 이를 익혔을지 알 수 없다는 것이다. 이런 상황에서 조선 시대에 편찬된, 고려에 대한 한문 기록에서 어떤 한자를 선택했는지를 가지고 고려인의 천하관을 논하는 것은 모래 위에 건물을 올리는 것과 같다.

고려 시대의 한문 사용 환경은 조선의 환경과는 많이 달랐다. 한문이 사회와 밀착된 정도, 그 위상도 달랐고 지금은 거의 잊힌 차자 시스템이 차지하는 비중도 조선 시대에 비할 수 없을 만큼 컸다. 그러나 우리는 조선 시대에 대한 상식을 가지고 고려 시대를 상상하기 쉽다. 고려 시대의 문자 환경을 이해하기 위해서는 좀 더 역사적 상상력을 발휘해야 한다.

의천과 김부식이 못마땅해한 차자 시스템

12세기를 살아간 이규보는 메모광이었다. 여기저기 다닐 때면 늘 메모를 해두고 그걸 바탕으로 나중에 시나 산문을 짓곤 했다. 이 사람이 고려인으로는 전무후무하게 총 53권이나 되는 자기 문집을 낼 수 있었던 것은 다 이런 버릇 덕택이다. 동서양을 막론하고 글 좀 쓴다는 사람들 중에 메모광이 많은 걸 보면 이게 글쓰기의 왕도인 것 같긴 한데, 또 아무나 다 하지는 못하는 걸 보면 역시 되는 사람만 되는 게 아닌가 싶기도 하다.

이규보는 전주에 2년여 근무할 때도 메모하는 것을 잊지 않았다. 그 동네의 풍토와 형승形勝 등을 열심히 기록했는데, 단 한문이 아니라 방언과 속어를 섞어 메모해 놓았다. 즉 차자 표기법으로 기록했다는 것이다. 그런데 나중에 개성에 돌아와 한가할 때 다시 꺼내 봤더니 뒤죽박죽이어서 읽을 수가 없었다. 자기가 기록한 것인데도 말이다!《동국이상국집》 권23, 기 남행월일기)

자기가 쓴 글도 못 알아봤다는 이 일화는 차자 시스템의 한계를 잘 보여 준다. 음과 뜻을 빌려서 다양하게 변주하는 차자의 특성상, 사용자마다 쓰는 방식이 달라질 수도 있고 일이관지하게 전수되기도 힘들기 때문이다. 예를 들어 '땀 한', '소리 음' 자를 쓰는 汗音은 앞 글자에서 뜻을, 뒷 글자에서 음을 따와서 '땀'이라는 말의 이두 표기로 쓴다. 그런데 발음이 비슷해서인지 '땜'(용접)으로 잘못 쓰기도 했다.

지금도 한자의 음독과 훈독을 다 이용하는 일본을 보면 간접적으로 그 어려움을 짐작할 수 있다. 일본에서는 초등학교 때부터 꾸준히 읽기 연습을 시키는데도, 조금 어려운 말이거나 고유명사일 경우엔 가나를 병기하지 않고서는 정확히 읽었다고 장담하기 힘들다. 원칙적으로 하나의 한자를 읽는 방법이 다섯 가지에 달하고, 그 원칙조차 명확하지 않으니 이럴 수밖에 없다. 일본 추리소설 같은 데서 음독과 훈독의 차이를 이용한 트릭을 많이 쓰는 게 괜히 그런 게 아니다. 99퍼센트 이상의 국민을 대상으로 통일화된 보통교육을 의무적으로 실시하는 데도 어려운 차자 시스템이, 보통교육이 없던 시대에 일관되게 유지될 수 있을 턱이 없다.

이렇게 차자로 쓰인 것이 알아보기가 어렵고 오래 전해지기가 힘들다는 것은 이규보만의 생각은 아니었다. 이 무렵 개성 왕륜사의 장륙금상이 있던 전각을 보수했다. 당시 무신집정 최우는 이규보에게 처음 장륙금상이 조성했을 때 이 불상이 보였던 영험함에 대한 글을 다시 쓰라고 했다. 그 이유는 이전에 작성한 기록이 방언과 속어로 되어 있어서 오래 전할 수 없다고 생각했기 때문이다(《동국이상국집》 권25, 기 왕륜사 장륙금상 영검수습기).

표기 방식의 한계에 더하여 차자 시스템은 고려 시대에 몇 차례 문화적 변곡점을 거치며 더욱 유지하기 힘들어졌다. 일단 기본적으로 차자 시스템과 한문이 서 있던 운동장이 평평하지 않았다. 고려 시대에 차자로 우리말을 표현한 글이 비교적 상당한 위상을 차지했던 것은 사실이지만, 그렇다고 한문의 위상과 평등하거나 더 높았다고까지 말하기는 어렵다. 향가가 쓰인 사례를 보면 언제나 무언가 추가적인 설명이 붙어 있다. "한문만 쓸 수도 있긴 하지만 좀 더 곡진하게 내 뜻을 표현하고 싶었다"라거나 "이것도 나름 쓸 데가 있으니 하지 않을 이유가 없지 않느냐" 같은. 뭔가를 하면서 이래저래 설명을 붙인다는 건 그 자체로 그것이 한문 쓰기에 비해 조금은 구차한(?) 행위라는 의미일 것이다. 그런 점에서 한문과 차자의 관계는 이미 살짝 기울어진 운동장이긴 했으나 이것이 더 기울어지게 되는 변곡점이 있었다. 첫 번째가 11세기 후반~12세기 전반, 두 번째가 13세기 후반~14세기 전반의

원 간섭기로, 시기적으로 타자와 접촉이 밀접해지며 중국 문화를 적극적으로 수용해 갔다는 공통점이 있다.

고려가 중국 문화를 닥치는 대로 수용했던 시기는 이전에도 있었다. 10세기 광종 대가 대표적으로, "중국에서 왔다고만 하면 사람의 자질을 가리지 않고 무조건 우대한다"며 토착 지식인들의 반발이 거셌던 시기다. 관료계에서는 쌍기 같은 중국인을 귀화시켰다면, 불교계는 유학 바람이 거셌다. 원주 거돈사지 원공국사 승묘탑비는 이 시대 불교계의 분위기를 단적으로 보여 준다.

원공국사 지종은 여덟 살 나이에 당시 고려에 머무르고 있던 인도 출신 승려 홍범삼장에게 출가한 후 광종 대 승과에도 합격하며 착실히 출셋길을 걸었다(스님과 출셋길이라는 표현이 좀 모순적이긴 하지만). 그러나 그것만으로는 부족했다. 광종이 중국 문화를 도입하여 개혁을 시도하자 동시대 많은 스님이 서쪽 나라, 즉 중국으로 너도나도 유학을 갔기 때문이다. 후원자가 없었던 것인지 타향살이가 썩 내키지 않았던 것인지 정확히 알 수는 없으나 이런 분위기에도 원공국사는 유학을 안 떠나고 버티다가 결국 구법의 길을 떠나라는 꿈을 꿨다는 것을 핑계로 중국 유학을 떠났다(귀국 후 광종의 지우를 받아 국사까지 이르렀으니 이 유학은 대성공이었다). 이런 것을 보면 이 시대 중국 문화에 대한 동경과 유학의 압박이 꽤나 컸음을 짐작할 수 있다.

광종 대 불었던 광풍은 그의 사후 잠시 가라앉았으나, 11세기 중반 문종 대 이후 송과 공식적인 교류가 트인 후의 분위기는 전

• [그림 12] 원공국사 승묘탑
일제 시기 서울로 옮겨져 개인 집에 있다가 1958년 경복궁으로 옮겨졌고,
현재는 국립중앙박물관 경내에 있다.
＊소장처: 국립중앙박물관.

•• [그림 13] 원공국사 승묘탑비
원주 거돈사지.
＊출처: 문화재청.

시기와 달랐다. 소위 유학파, 혹은 '한문 실력으로 중국에서도 인정받는 사람들'이 명망을 얻는 분위기가 된 것이다. 그러면서 차자로 기록된 옛 기록들을 무시하거나 이를 다시 새롭게 편찬하려는 시도가 빚어졌는데, 불교계의 대표자가 의천이라면 다른 한편의 대표자는 김부식이다.

의천은 문종의 아들이자 숙종의 형제였다. 왕자 출신인 데다 몰래 송에 유학까지 다녀올 정도로 자신의 길에 대해 강렬한 열정까지 지녔다. 이런 그가 고려 중기 불교계에서 차지했던 위상이 어땠는지는 익히 상상 가능할 것이다. 워낙 자신의 행보와 위상에 자신감이 넘쳐서 그랬는지는 몰라도 그는 매우 건방지기도 했다. 광종 대의 고승이자 자신의 선배 격인 균여를 강하게 비판, 아니 비판이라는 말도 좀 약할 정도로 대놓고 무시할 정도였기 때문이다. 그는 《신편제종교장총록》을 작성하면서 균여의 수많은 저술은 넣지도 않았으며, 심지어 자기 제자들에게 읽지도 못하게 했다. 이러한 강력한 비판은 일찍부터 불교사 연구자들의 관심을 끌어서 둘 사이의 사상적 차이나 정치적 의도 등이 많이 분석되었다. 그런데 여기에 더하여 그가 균여는 "글을 이루지 못했다"고 비판했던 부분을 주목할 필요가 있다.

세상에 이른바 균여, 담운, 진파, 영윤 등 여러 스님의 잘못된 책은 말이 글을 이루지 못하고 뜻이 변통되지 못하여 불조의 도를 거칠게 하니 후생들을 어리둥절하게 함이 이보다

심할 수가 없다(《대각국사문집》권16, 시신참학도치).

　균여는 이전 시대의 전통에 서 있던 인물이다. 어렸을 때 아버지가 말로 불러준 《화엄경》의 원만게*를 하나도 잊어버리지 않았다는 일화에서 볼 수 있듯이 그는 구술의 전통 위에서 불교를 공부했다. 80권의 경을 강의하며 향찰을 구사해 그 뜻을 풀이했다고 하고 〈보현십원가〉라는 향가를 직접 지었을 정도로 사뇌가에 익숙했다는 평 등이 있는 것으로 보면, 구결, 향찰 등 차자 시스템을 깊이 이해하고 활용할 수 있었다는 점도 알 수 있다. 그는 불경의 뜻풀이도 향찰로 했다고 하는데, 학자들은 석독 구결문이 바로 이에 해당한다고 본다. 1251년 간행된 균여의 《화엄경》 강의 총 10권은 모두 한문본이지만, 유일하게 제3권에 석독 구결문이 실려 있어서 균여의 향찰 해설임을 짐작케 한다(《석화엄교분기원통초》). 유학파 의천의 눈에는 아마도 이런 '우리식 문장'이 심히 거슬렸던 듯하다.

　의천이 비판한 건 균여뿐만이 아니다. 신라의 의상대사가 강의한 것을 제자들이 모아서 기록한 책들에 대해서도 다음과 같이 강하게 비판했다.

* 《화엄경》의 게송이다. 게송은 부처의 공덕이나 가르침을 외우기 쉽게 시구 형식으로 지은 노래다.

당시 기록한 사람의 문체가 좋지 않아 문장이 촌스럽고 방언이 섞였다. …… 장래의 군자가 마땅히 윤색을 가해야 할 것이다(《신편제종교장총록》 권1).

도대체 어떤 문장이기에 유학파 의천의 눈에는 이렇게 성에 차지 않았던 것일까? 마침 이 의상대사의 강의록이 남아 있어, 이 '촌스럽고 방언이 섞인' 문장을 직접 볼 수 있다. 일본에 전하고 있는 《화엄경문답》이라는 책으로, 오랫동안 중국 승려의 저작인 줄 알았으나 학계의 면밀한 검토 끝에 제자인 지통이 의상의 강의를 듣고 편집한 《지통기》라는 점이 밝혀졌다. 의천이 지긋지긋하게 싫어했을 법한(?) 촌스러운 문장으로는 다음과 같은 것을 들 수 있다.

경경매운經經每云 삼세불배三世佛拜 ……
여러 경전마다 이르기를 삼세의 여러 부처들에게 절하여
…… 하위호야何爲乎也
무슨 소용이 있겠는가?(《화엄경문답》 권상)

우선 '경경매'는 한문이라면 '매경每經'이라고 하면 그뿐인데, '경전 경전마다'라는 우리식 표현을 따라 썼다. '삼세불배'는 '동사+목적어'여야 하는 한문 어순이 아니라 '목적어+동사'의 우리 어순대로 표현을 한 것이며, '하위호야'에서 '야'는 필요 없는 어

조사다. 이걸 보면 한문 어순을 제대로 지키지 않고 우리말 식으로 쓰고, 우리말에는 없는 어조사를 잘 이해하지 못하여 안 써도 되는 어조사를 여러 개 쓰는 것 같은 실수를 범했음을 알 수 있다. 요즘 사람들이 영어 할 때 어순 맞추기 힘들어하고, 전치사는 끝끝내 헷갈리는 것과 비슷한 것일까. 결국 이 책은 의천의 바람대로 후대의 군자인 13세기 사람 이장용에 의해 한문으로 윤색되었다.

의천처럼 이전 시대의 문장을 마뜩잖아 하던 사람 중에는 김부식도 있었다. 그는 《삼국사기》를 지어 올리며 쓴 표문에서 "옛 기록의 문장이 졸렬하다"고 하며 새로 역사서를 편찬할 필요가 있다고 했다. 그 역시 우리말 어법이 살아 있는 차자 시스템에 기반을 둔 옛 기록의 문체가 맘에 들지 않았던 것이다. 이러한 두 사람의 공통점을 생각해 보면, 김부식이 의천의 비문을 지으면서 왜 그를 높이 평가했는지 사뭇 이해가 가기도 한다.

의천이나 김부식이 살았던 그 무렵, 송에서는 고문古文 운동이 한창이었다. 구양수, 소식 3부자 등 유명 인물이 줄줄이 나오던 이 시대, 고려에서도 그 문예 동향을 민감하게 의식하고 있었던 것으로 보인다. 의천이 굳이 몰래 유학길을 떠났던 것, 김부식의 아버지가 아들 이름을 소식 형제의 이름을 따서 지은 것 등은 그런 흐름을 반영하는 것이다. 지금도 고전 한문학사에서 그 성취를 주목할 정도로 이 시대 송의 문예는 찬란했다. 그런 문화에 심취해 있던 이들에게, 고려의 전통적 차자 시스템은 아무래도 더 구닥다리로 보일 수밖에 없었을 것이다.

이런 상황에서 차자 시스템에 대한 결정타는 원 간섭기에 찾아왔다. 이전에는 상상할 수 없는 압력으로 타자와 맞부닥치게 되면서, 그들의 시선을 많이 의식하게 된 것이다. 1307년 오대산 월정사에서는 민지에게 자신들의 사적기를 한문으로 다시 써 달라고 부탁했다.

이 산의 명성이 천하에 알려져 있으나 살펴볼 수 있는 옛 기록들은 모두 신라 시대의 향언으로 되어 있어서 사방 군자가 통하여 볼 수가 없습니다. 비록 사람들에게 이 산사의 영험함을 알리고 싶어도 어떻게 할 수가 있겠습니까. 만약에 훗날 혹 중국 사신이 이곳에 이르러 옛 기록을 보여 달라고 청하면 무엇을 가지고 내보이겠습니까. 바라건대 사적의 향언을 한문으로 옮겨, 보는 이들이 잘 알 수 있게 해주십시오(민지의 〈오대산 사적기〉).

원나라 사신이 와서 보게 될 상황까지 염두에 뒀다는 것은 그만큼 이들과 밀접히 접촉할 일이 많았고 그럴 때 향언으로 된 기록이 별 도움이 안 되었기 때문일 것이다. 원 사신이나 관료가 이곳을 방문할 가능성은 실제로도 컸다. 오대산, 금강산은 원 사신에게 인기 높은 순례지 중 하나였기 때문이다.

이전 시대에도 향가를 한역하고, 한시와 향가를 함께 짓던 문인들이 있었다. 그런데 이전 시대의 분위기는 14세기와는 좀 달랐다. 11세기 최행귀는 균여의 〈보현십원가〉를 한역하며 이렇게 이야기했다.

한스러운 것은, 우리나라의 뛰어난 선비나 이름난 벼슬아치는 한시[唐什]를 이해하고 읊지만, 저 나라[彼土]의 대단한 학자나 훌륭한 승려도 향가를 이해하지 못하는 일이다. 하물며 또 한문[唐文]은 인드라망처럼 잘 짜여 있어서 우리나라에서도 읽기 쉽지만, 향찰은 범서가 펼쳐진 것 같아서 저 나라에서는 알기 어려움에랴(《균여전》 제8역 가현덕분).

중국을 가리켜 '저 나라'라고 칭하는 것에서 중국을 그저 하나의 상대로만 취급하고 있는 것이 눈에 띄는 데다, 향찰은 범서가 펼쳐진 것 같다 하며 범어에 비유하고 있는 것도 주목할 만하다. 14세기 민지나 11세기 최행귀나 향언으로 기록된 우리글을 한문으로 번역해서 남들도 볼 수 있게 하겠다는 결론은 같지만 전반적인 뉘앙스가 다르다. 최행귀의 글은 우리 향가가 참 훌륭한데, 우리는 너네 말을 하지만 너네는 이해를 못하니 우리가 번역해서 알려주겠다 하는 자신감 같은 게 느껴지지만, 민지의 글은 '사방 군자'가 보는 게 중요하고 그것이 표준이니 거기에 우리가 맞춰 주어야 한다는 심리가 엿보인다.

14세기 무렵에는 고유문화에 대한 자신감이나 이해도가 떨어졌다. 이제현은 민사평에게 고려의 우리말 노래를 한역하라고 권했지만 민사평은 이를 주저했다. 이에 대해 이제현은 그가 우리 말 노래를 저급하다고 여기는 게 아닌가 하고 의심했다. 고려의 양대 축제이자 토속신앙에 근거하여 국선의 무대이기도 했던 팔 관회에 대해서도 그 유래를 잘 이해하지 못하게 됐다.

고유문화에 대한 이해도가 떨어진 이 시대에 향가를 향유하던 문화가 사실상 단절되었다. 그에 비해 한문을 잘하는 사람은 늘 었다. 이 무렵 석독 구결, 즉 한문을 읽을 때 뜻을 풀이하며 읽는 방식의 구결이 사라지고 음독 구결만 남게 되었다.[*] 음독 구결 은 지금도 흔히 하는 "공자 왈 유붕이 자원방래하니 불역열호아" 같이 음으로 그대로 따라 읽으면서 어미나 조사만 우리말로 붙여 가며 읽는 방식을 말한다. 이는 한편으로는 음독만 해도 글의 내 용을 이해할 수 있다는 것이니, 한문 경전에 대한 이해도가 높아 졌다는 의미일 것이다.

이 시대 이제현은 민사평과 함께 고려의 노래들을 한시로 번역

---

[*] **음독 구결**: 지금도 우리가 한문을 배울 때 하는 것으로서 한자음에 어미나 조사 를 한국어로 붙여 가며 읽을 수 있도록 구결을 붙인 것을 의미한다.
석독 구결: 큰 틀에서 한자의 뜻을 풀어서 읽는 것을 의미하는 것으로 한문 훈 독에 포함되지만 한자 순이 아니라 우리말 어순에 따라 글자 순서를 바꿔 가며 읽는 것이다.

學而時習之 不亦悅乎
학이시습지면 불역열호아(음독)
배우고 때때로 익히면 이 또한 기쁘지 아니한가(석독)

했다. 여러 연구에서 꼽듯이 그의 고려 문화에 대한 뚜렷한 자의식에 기반하고 있는 것이었다. 또 일연은 《삼국유사》에 14수나 되는 향가를 수록했다. 《삼국유사》에 수록된 향가는 고려인이 지은 향가보다 더 오래된, 아마도 신라 시대의 표기법을 담고 있는 것으로 추정되고 있다. 이는 그가 당시 유행하던 향가를 듣고 외워 채록한 것이 아니라, 여러 절에 내려오는 향언으로 된 기록들을 뒤져 가며 찾은 것이라는 의미가 될 것이다. 다른 기록에 실리지 못하여 잊히고 있는 사적을 적겠다는 저자의 의도에는 이렇게 공들여 향가를 수록하는 것도 들어가 있었다.

이러한 현상들은 18세기 조선과 비슷하다. 18세기 많은 이들이 시조의 한역에 뛰어들었으며, 신위 같은 이는 이제현의 계승을 내세우며 소악부를 짓기도 했다. 《청구영언》, 《해동가요》같이 한글 시조집이 나온 것도 《삼국유사》의 향가 채록에 비견할 만하다.

18세기의 이러한 흐름은 흔히 '민족의식'과 같은 '근대'의 정신이 탄생한 것으로 큰 의미를 부여받아 왔다. 이는 유럽 근대 탄생 과정의 모델에 기초한 시각이다. 자국어와 민족의식이 밀접하게 관련을 맺고 근대국가 및 민족의 탄생에 기여했다는 모델 말이다. 그러나 한국에서는 18세기와 비슷한 흐름이 이미 그 5백 년 전에도 있었다. 이 패턴은 그저 표면적인 유사함일 수도 있고, 이 패턴의 해석 자체를 새롭게 해야 할 필요성을 제기하는 것일 수도 있다. 어떤 경우이건 이러한 유사성을 찬찬히 살펴보며 새로운 시각과 이론적인 구성이 가능한지를 생각해 볼 필요가 있지 않을까?

고려, 몽골에 한문 문화를 전하다

몽골제국의 세상은 분명 이전과는 전혀 다른 강력한 구속력과 구심력을 가지고 있었다. 이전 시대에는 상상하지 못했던 수준으로 인적·물적 교류가 이루어지자, 이제 고려 변방의 사찰도 '사방군자'가 찾아와 자신들을 찾을 것을 대비하는 한편, 이전 시기에는 접해 본 적 없던 언어를 접하기도 했다. 1219년에는 개경을 처음 방문한 몽골인이, 고려말을 배워 두라며 사람들을 의주에 남겨두고 갔을 정도로 둘의 언어는 서로에게 매우 낯설었으나 몇십 년이 지나지 않아 상황은 완전히 바뀌었다.

시대는 몽골어에 능숙한 고려인에게 활짝 열렸다. 역관 조인규가 대표적이다. 몽골과 강화를 하고 본격적으로 관계를 맺어 가기 시작한 원종 대, 고려에서도 몽골어 통역관을 키우기 시작했다. 조인규는 여기에 뽑히긴 했으나 처음에는 그다지 두각을 나타내지 못하다가 절치부심 3년간 두문불출하며 노력한 끝에 몽골어에 통달하게 되었다. 고려 말 명문가 중 하나로 자리 잡는 평양 조씨가의 시작이었다.

몽골어 역시 이 시기 고려 사회에 깊숙이 침투해 들어왔다. 특히 몽골과 밀착해 있었던 궁중에 몽골어가 많이 남았다. 마마, 수라 등이 대표적이다. 고려의 풍속 역시 몽골에서 유행했다. 교과서에도 나온 '고려양'이 그것이다. 이런 부분을 생각하면 몽골 문화의 고려 침투, 고려 문화의 몽골에서의 유행 같은 단선적인 관계만을 상정하기 쉽다. 그러나 이러한 단선적인 구도가 아니라 고려가 몽골제국 안에서 두 언어를 매개하는 주체였다는 점을 주목할 필요가 있다. 조인규는 단지 몽골어만 잘해서 그렇게 출세한 것이 아니다. 충렬왕은 그가 몽골어뿐만 아니라 중국어에도 능통하여 조서와 칙서를 번역하는 데 오류가 없다고 칭찬한 적이 있다. 이로 보면 그는 몽골어만이 아니라 한문(중국어)까지 잘했음을 알 수 있다.

고려가 몽골제국 안에서 한인 문화를 매개하는 역할을 했다는 사례로 충선왕이 원의 수도인 대도에 세웠던 만권당을 살펴보자. 만권당 이야기는 너무 유명하다. 충선왕을 비롯한 고려의 학자들이 만권당에서 원의 유명 학자들과 교류하며, 성리학을 본격적으로 들여오게 되었다는 이야기다. 요새는 이것이 너무 과장된 이야기라는 비판도 많지만, 여기에서는 만권당이 실제로 대단한 장소였는지 아니었는지를 다루려는 게 아니다. 이곳에 대한 이야기에서 드러나는 하나의 흐름을 보려는 것이다. 《고려사》의 만권당 관련 기사에 수록된 다음의 이야기를 보자.

과거를 설치한 것도 충선왕이 일찍이 (만권당에 출입하던) 요수姚燧의 말을 황제에게 아뢰어 허락받은 것인데, 이맹李孟이 평장사가 되었을 때 아뢰어 시행하였으니 그 연원은 대개 왕의 발의로부터 나온 것이다(《고려사》 권34, 세가 34 충선왕 5년 3월).

이맹은 원 황제 인종의 사부 출신으로 인종이 즉위하며 중용된 인물이다. 즉위 초 인종은 관료 문화를 개혁하려고 맘을 먹고 있었는데, 이맹이 과거 실시를 건의하자 재위 5년 차인 1315년 드디어 원나라에서는 처음으로 과거를 실시했다. 이것이 《원사》에 기록된 내용이다. 그런데 《고려사》에서는 이건 사실 모두 충선왕이 요수의 의견을 받아들여 발의한 것이라고 했다.

이맹이 상주하여 과거를 실시했다는 것은 겉으로 알려진 사실이었을 것이다. 그러나 그 막후에서는 충선왕이 역할을 했을 가능성이 농후하다. 충선왕은 원 세조 쿠빌라이의 손자이자 당대 황제 인종과 사촌 간으로 사적으로 가까운 사이였을 뿐만 아니라 그의 황제 옹립에도 공을 세워, 아주 탄탄한 입지를 지니고 있었기 때문이다. 만약 이 시대에 누군가 황제에게 건의하고 싶은 게 있을 때 충선왕을 통할 수만 있다면 통하지 않을 이유가 없다.

한편 충선왕을 통해 무언가를 청탁하고 싶다 해도 그가 그럴싸하다고 인정해 주지 않는다면 그 말이 먹힐 리가 없다. 여기에서 바로 충선왕이 충렬왕의 아들로서 고려에서 교육받고 그 문화를 습득한 인물이었다는 점을 주목할 필요가 있다. 고려인으로서 충선왕은 과거제의 효용과 그 명예를 잘 이해하는 인물이었다는 점이다.

10세기 과거를 실시한 이래로 고려에서 과거의 위상은 점점 높아졌다. 관료가 되려고 할 때 꼭 과거에 합격해야 하는 것은 아니었지만, 과거 급제가 가져오는 명예, 그로 인한 문화권력이 점점

커져 간 것이다. 예를 들어 민적은 국선으로 이미 궁궐에 들어와 한자리를 꿰찼음에도 사람들이 그를 은근히 깔보자, 과거까지 합격해서 그들의 콧대를 납작하게 해주었다. 이 시대엔 과거에 합격하지 않은 관료에 대해서 썩 높이 평가하지 않던 분위기였음을 짐작할 수 있다.

과거 합격의 영예가 얼마나 매력적이었는지 몽골인 인후조차도 자기 자식이 과거에 합격하기를 바랐다. 인후는 본명이 훌라타이로 충선왕의 어머니인 제국대장공주가 고려에 시집올 때 따라온 몽골인 게링구였다. 게링구는 몽골어로 '집안 아이'라는 뜻으로서 사적으로 소속된 사람이란 말이다. 당시 공주를 따라온 여러 게링구 중에서도 인후는 배운 것도 없고 집도 가난했지만, 몽골인이라는 출신을 잘 살려 충렬왕 대 여러 외교적 국면이나 위기에서 중요한 역할을 했다. 이렇게 고려를 배경으로 권력과 부를 쌓은 그는 자식 역시 출세하기를 바랐다. 특히 과거 급제의 영예를 부러워하며 아들에게 과거시험을 보게 했고, 고시관은 전혀 실력이 없는 그 아들을 알아서 합격시켰다.

인후는 원에서 과거가 시작되기 4년 전에 이미 사망했다. 그는 다른 게링구와는 달리 배운 것도 없는 가난한 몽골인 출신이었으므로, 고려에 오기 전에는 어디에서건 과거제 부스러기는 물론 '학문'이라는 것도 구경해 보지 못했을 것이다. 그러나 이십 대의 나이에 고려에 온 그는 어느새 고려인이 꾸던 과거 합격의 꿈에 동화되어, 자신의 아들이 과거에 급제하기를 바라며 시험장에 밀어 넣은 사람이 되었다.

이렇게 몽골인조차도 과거 합격의 꿈을 꾸게 만들 만큼 고려에서는 과거의 위상이 높았다. 그런 문화에서 자란 충선왕이 과거제에 대해 잘 이해하고 있었을 것임은 말할 필요도 없다. 1315년이면 남송이 망한 지 35년이 지난 시점이다. 그 옛날 중원에서 실시했던 과거의 기억은 희미해졌을 시점이다. 그러나 충선왕은 고려인이었기에 요수가 과거 얘기를 꺼냈을 때 바로 알아들을 수 있었다. 어쩌면 고려에서 계속 실시되던 과거제가 원의 한인들로 하여금 그 옛날 과거제를 계속 기억할 수 있게 한 매개가 되었을지도 모른다. 이처럼 원의 한인 학자들이 축적하고 있던 한문에 기초한 문화와 뉘앙스를 이해할 수 있는 인물이자 원 황실의 권력 핵심부에 접근할 수 있는 사람이 바로 충선왕이었다.

충선왕뿐이 아니다. 다른 고려의 문인들 역시 그러한 위치에 있었다. 이들과 결은 다르지만 통역이나 환관, 공녀, 승려, 응방 등의 경로로 몽골에서 활약한 사람들도 있었다. 고려인은 다양한 경로로 황실 권력의 핵심부에 깊숙이 침투할 수 있었으며, 이들은 몽골에 고려 문화만을 전달한 것이 아니라 고려 문화에서 소화하고 있었던 한문에 기초한 문화 역시 전달하고 매개했다.

그런 점에서 몽골제국의 시대 고려인은 몽골-고려의 단선적인 일직선상에만 서 있었던 것이 아니라 몽골 문화-고려 문화-한인 문화의 삼각관계, 몽골어-고려어-한어의 삼각관계를 매개하는 주체이기도 했다. 이 시대 보편문으로 한문에 대한 고려의 열망이 높아진 것은 그 매개 과정에서 고려인이 한문을 적극적으로 활용하고 이해했기 때문이기도 하다.

訓·훈民민正·졍音흠

訓·훈은 ᄀᆞᄅᆞ·칠·씨·오 民민·은 百·ᄇᆡᆨ姓·셩·이·오 音
흠·은 소·리·니 訓·훈民민正·졍音흠·은 百·ᄇᆡᆨ姓·셩
ᄀᆞᄅᆞ·치·시논 正·졍ᄒᆞᆫ 소·리·라

國·귁之징語·엉音흠·이

國·귁·은 나·라·히·라 之징·는 입·겨·지·라 語·엉
는 말ᄊᆞ·미·라

나·랏·말ᄊᆞ·미

異·잉乎·홍中듕國·귁ᄒᆞ·야

異·잉乎·홍는 다ᄅᆞᆯ 씨·라 乎·홍는
·아모 그·에 ᄒᆞ·논 겨·체 ᄡᅳ·는 字·ᄍᆞ·ㅣ·라 中듕國·귁
·은 皇·ᄒᆡᆼ帝·뎽 겨·신 나·라히·니 우·리 나·랏

03

한글의 시작,
예상 외의 성공

훈민정음은 갑자기 튀어나온 것인가

"왜 훈민정음을 창제하였는가"

훈민정음 관련 연구에서 다들 한 번쯤은 건드리고 간 주제다. 세종의 투철한 애민의식이나 자주의식에서 비롯했다고 하기도 하고, 그게 아니라 한자의 발음 기호로 만들어진 것이라고도 한다. 어떤 이는 명 홍무제의 문자옥과 표전문 사건*을 배경으로

---

* 문자옥은 글에 군주나 체제를 비방하는 내용이나 글자가 있다는 이유로 벌인 숙청 사건이다. 표전문 사건도 이와 관련되어 있는데, 조선에서 보낸 외교문서인 표문과 전문에 이런 글자가 있다며 명나라에서는 작성자인 정도전을 압송하라고 했다.

꼽는다. 이러한 관심에는 훈민정음이 너무나도 특이하고 특별한 사건이라는 생각이 깔려 있다.

우리는 훈민정음을 신성시하며 우러러보는 경향이 있다. 특히 "한글=자주=백성", 이 세 가지 세트를 가지고 훈민정음을 바라보는 태도가 그러하다. 한글을 이렇게 "선한 영웅"의 위치에 설정하면 그 반대편엔 누구라도 미워할 악당이 필요하다. 마침 훈민정음 반포에 반대했던 최만리 등의 집현전 학자들이 있는바, 그들로 대표되는 당대의 양반 사대부는 '사대 모화주의자=계급주의자'라는 악당의 위치를 점한다. 강렬한 선악의 구도, 특히 자주 대 사대의 구도는 그만큼 한글이 근대 한국과 한국인을 구성하고 식민지 통치에 저항하는 데 핵심적인 역할을 한 데서 기인한다.

반면 이렇게 거룩하게 우러러보는 것에 반감을 가진 이들도 있다. 이들은 역으로 한글이 별 게 아니었다고 절하하며, 한글이 한자의 발음을 적기 위한 발음 기호에 불과했다고 평가하곤 한다. 이 주장은 "한글=자주"의 공식을 뒤틀어 한글마저도 '사대주의 국가 조선'의 틀에 가두고 싶은 마음에 기초한다. 그 정도는 아니라고 하더라도 한글을 어느 정도 평가절하해야 '국뽕'에 빠지지 않고 균형 잡힌 '객관성'이라는 상위 가치를 선점할 수 있다고 믿기도 한다.

어느 쪽이건 이렇게 바탕에 깔고 있는 생각이 많으니 훈민정음과 관련한 사료 역시 있는 그대로 읽지를 못한다. 최만리 등의 반대 상소는 그저 수구 꼴통에 사대 모화주의자의 것으로만 읽히고 근거도 빈약한 사료에서 베일에 가린 어둠 속의 창제자를 끌고 오기도 한다. 40년 전에 죽은 홍무제가 훈민정음 창제의 계기로 소환되는 것도 그렇다. 이러한 사고들은 모두 너무 '근대'에 과몰입해서 훈민정음을 지나치게 신성시하기 때문에 발생하는 역설이기도 하다. 신성하게 대하다 보니 훈민정음과 관련한 연구의 시야도 좁아질 수밖에 없다. 훈민정음 창제 이후의 인쇄나 언해 사업을 전체적으로 조망하는 연구는 부족하고 각기 자기 분과 범주에서만 소재를 선택하여 연구하기 바쁘다.

훈민정음 덕분에 '우리 민족의 얼'을 유지할 수 있었다는 존경의 마음을 잠시 접고, 당대로 돌아가보자. 기본적으로 문자의 탄생은 문명, 국가의 탄생과 직접적인 관계를 맺고 있다. 인류학자 잭 구디가 이야기했듯이 고도의 관료제도를 구성해서 복잡한 행정과 재정 업무를 꾸려 나가려면 문자의 힘을 빌리지 않으면 불가능하다. 국가의 중앙권력이 주변부까지 미치게 하기 위해서는 중심과 지방 사이에 정보의 원활한 교환 없이는 불가능한데, 이때 문자가 없어서는 안 되기 때문이다.

이런 점을 염두에 두고 거시적으로 동아시아 지역을 훑어 보면, 대체로 중국의 당나라 이후 중국 주변에 세워진 나라에서는 건국 후 얼마 지나 자기 문자를 제정해 왔다는 점을 발견할 수 있다. 서하, 여진, 거란이 대표적이다. 우리와 일본은 그보다 좀 일러서 중국과 본격 교류를 하면서 차자의 방식으로 자기 언어를 표현했다. 중국사상사 연구자 피터 볼은 흔히 당에 비할 때 송의 국력이 약했다고 평하곤 하지만, 그보다는 송의 주변국이 당으로부터 배워 좀 더 강력한 국가를 구성하는 법을 알게 되었다고 볼 필요가 있다고 한 적이 있다. 이렇게 그들이 알게 된 '강한 국가 만드는 법'에 문자도 들어가 있지 않았을까? 당을 통해 문자 만드는 법을 배웠다는 것이 아니라 문자의 필요성을 절감하게 되었다는 측면에서 말이다.

국가 건설 후 자기 문자를 제정하는 것은 이후에도 계속되었다. 몽골의 원에서도 파스파 문자를 제정했으며, 베트남의 쯔놈이 형성된 것 역시 13, 14세기로 추정된다. 베트남은 15세기 호왕조(1400~1407)에서 한문 연구를 위한 도구로 공식적으로 장려하며 쯔놈 문학이 확산되기도 했다. 만주족의 청 역시 국가를 건설하며 자기 문자를 만들었다.

이런 흐름을 감안하면 세종의 훈민정음 창제 역시 '국가 건설 후 문자 창제'라는 흐름에서 크게 벗어나지 않음을 알 수 있다. 우리는 차자를 활용하여 우리말을 표기하는 법을 이미 가지고 있었다. 적어도 6세기경부터는 사용했으니 그 역사도 이미 오래되었다. 그러나 13, 14세기 무렵엔 차자 시스템 자체가 상당히 형해화된 상황이었다는 것이 문제였다. 구결이나 이두 같은 것은 이후에도 계속 사용될 정도로 여전히 유용하기는 했으나 향찰은 거의 단절되면서 우리말을 소리 나는 대로 적을 방법이 묘연해진 상황이었다. 그런데 조선은 국가 중앙권력을 강화하여 백성의 일상 문화까지 바꾸려는 상당히 야심만만한 지향을 지니고 있었으니,

문자가 절실히 필요하지 않을 수 없었을 것이다. 그뿐 아니라 주변국 사례를 보면 알 수 있듯이 문자를 만드는 것은 그렇게 특이한 일도 아니었기에 전인미답의 경지를 찍는 것도 아니었다. 즉 남들도 다 하던 일이었다. 그런 점에서 훈민정음의 창제는 조선 건국 후 자연히 생길 법한 일 중 하나였다고 볼 수 있다.

여기에 조금 더 시야를 확대해 보면, 훈민정음의 창제 시기가 스페인의 15세기 후반과 상당히 닮았다는 점도 발견할 수 있다. 언어학자 니컬러스 에번스는 스페인에게 1492년은 운명의 해였다고 평했다. 그 이유로 콜럼버스가 아메리카 대륙을 '발견'하고, 스페인 땅에서 유대인을 모두 축출하며, 네브리하Antonio de Nebrija가 스페인어 문법서를 출간했다는 점을 들었다. 스페인어 문법서 출간이 이렇게도 특별하게 꼽히는 이유는 이것이 유럽에서 최초로 등장한 '현대' 유럽어 문법서이기 때문이다. 그 이전 1,400년 동안 유럽에서는 라틴어와 그리스어에만 관심을 기울였다. 에번스는 이 세 사건은 각각 따로 노는 것이 아니라 서로 긴밀하게 연결되어 있다고 보았다. 원래 이슬람, 유대교, 가톨릭이 뒤섞여 있었던 스페인은 라틴어, 그리스어, 아랍어, 히브리어의 전통이 혼합되어 있었다. 레콩키스타로 다른 종교를 축출하고 언어를 스페인어로 통합한 이 시기, 네브리하는 스페인어 문법서를 출간했고, 콜럼버스는 '이스라엘의 사라진 열 지파'의 후예를 만날 것을 대비해 히브리어 학자와 칼데아어 학자들도 항해에 데리고 갔다. 이 학자들은 앞서 여러 언어를 사용하던 시기에 성장한 이들이었다.

이런 사례를 곱씹어 보면 세종 대와 상당히 통한다는 생각이 든다. 고려 말 조선 초 한반도에는 몽골인, 위구르인, 티베트인, 여진인, 한인 등 다양한 언어를 사용하는 사람들이 섞여 살았다. 세종 대는 이러한 이전 시대의 전통을 이어받아 가면서도, 자기 문화를 세워 나가려고 한 때였다. 자기 언어에 대한 감수성이 한껏 고취되었을 것이라는 점에서 유라시아 대륙 양 끝의 두 나라는 닮아 있었다.

그렇다면 왜 훈민정음은 반발에 부딪혔는가? 최만리로 대표된 반대자들은 그렇게 이상한 수구 꼴통이었던 것일까? 이 지점에서 시대를 거슬러 올라가 고려 말 충선왕의 이야기를 한번 보자. 충선왕이 만권당을 꾸리던 무렵 원에서는 몽골 문자를 만든 파스파가 공자에 견줄 만한 큰 공을 세웠으니 온 천하에 사당을 세워 달라는 건의가 올라와 논의가 분분했다. 충선왕은 이렇게 이야기하며 반대했다.

파스파가 글자를 만들어 나라에 공이 있으니 그를 제사 지내는 것에 대해서는 거기에 부합하는 옛 전거가 있을 것이지만, 왜 하필 공자에 비견하오? 공자는 모든 왕의 스승이니 온 천하에서 그를 제사 지내는 것은 그의 덕 때문이지 공 때문이 아니오. 후에 다른 말이 나올까 저어되오(《고려사》 권34, 충선왕 5년 3월).

한문이 말하지 못한 한국사 ──●

충선왕은 문자는 실용적인 영역의 문제일 뿐이지, 천하의 가치 지향점을 제시한 공자의 철학과는 비견할 수 없다고 보았다. 지금 우리는 우리의 언어, 우리의 문자가 식민지를 극복하고 저항하는 수단이자 근대 국가를 형성한 것과 너무나도 밀접하게 결합하는 과정을 거쳐 이 자리에 서 있기에 자국의 문자가 그렇게 대단하게 느껴지지만, 이 시대 사람들에게 문자는 그저 실용적으로 활용하는 한 가지 수단이었을 뿐이다. 더구나 이 시대는 '문자를 사용하는 사람'이란 것 자체가 보편적이지 않았다는 점을 다시금 상기할 필요가 있다. "착하게 살자"는 가치는 '모두'가 마음에 새겨야 할 준칙이지만, 문자는 그저 '쓰는 사람'만 쓰면 되는 시대였다. 그렇기에 훈민정음이 이러한 실용적인 영역에만 머무를 예정이었다면 그렇게 거창한 반대론은 나오지 않았을 가능성이 크다.

그러나 세종의 야심은 더 높은 데를 바라보고 있었다. "백성들이 쉽게 여겨 날로 쓰는" 것만 생각한 것이 아니라, 성인의 말씀이 담긴 경전을 우리말로 풀이하고 심지어는 한자의 발음까지 바로잡으려고 한 것이다. 경전의 번역은 세계 어디에서도 간단한 문제였던 적이 없다. 동시대 유럽에서는 자국어로 성경을 번역했다가 이단으로 몰려 처형당한 이도 있었다. 번역은 새로운 창조라는 말에서 드러나듯이 좋건 싫건 늘 왜곡을 수반한다. 그런데 성현의 말씀은 그런 왜곡이 조금이라도 발생하면 큰일이다. 그렇기에 경전은 그렇게 쉽게 번역되지 않는다. 라틴어 성경의 번역이 얼마나 늦게서야 이루어졌는지, 아랍어 쿠란이 왜 아직도 공식적으로는 번역이 허용되지 않는지를 생각해 보라.

훈민정음 창제 직후에 정작 《삼강행실도》나 유교 경전 언해가 성과 없이 중단된 것, 그에 비해 《동국정운》 같은 운서 편찬이 이루어진 것 등은 '훈민정음 발음기호설'을 지지하는 유력한 정황 증거로 여겨지기도 했다. 그러나 이는 경전 번역의 어려움에서 비롯한 것이다. 당시 언해는 먼저 구결이 확정된 후에야 가능했는데, 불교 경전은 이미 몇백 년 연구의 역사가 누적되었으나 유교 경전, 특히 성리학에서 중시하는 경전은 아직 확실한 권위 있는 해석이 존재하지 않았다. 이 때문에 불경은 세조가 정한 구결로 밀고 나가 일찌감치 언해가 나온 것에 비해 유가 경전은 세조가 정한 구결은 문제가 많았고 그렇다고 권근의 구결은 물론이고 뭔가 확고한 위상을 가진 구결이 있지 않았다. 권위 있는 해석이 나오기 전까지 유교 경전의 언해는 나오기 힘들었다.

《동국정운》을 통해 '운서를 바로잡는다'는 것 역시 단순히 한자음의 발음기호를 만들기 위한 작업 정도로 봐서는 안 된다. 이는 단지 현실의 중국 발음에 맞추어 우리의 한자 발음을 교정하는 것을 의미하는 것이 아니었기 때문이다. 그런 것이었다면 관습적으로 사용해 온 《예부운》이나 《홍무정운》을 언해하는 것으로 충분했을 것이다. 그러나 세종은 음악에서 사실상 새로운 '아악'을 창조해 낸 것처럼 한자의 음운 역시 옛 이상 시대의 발음대로 맞추려고 했다. 최만리 등의 상소가 올라온 것도 바로 이 운서 편찬이 진행되기 시작한 지 얼마 안 된 시점이었다.

잠시 여기에서 이 '아악'을 한번 짚어보자. 아악을 구성하려면 거기에 쓰이는 악기가 필요하고, 악기를 만들려면 음률을 맞춰야 한다. 이때 처음 벽에 부딪힌 것이 바로 12음 중 기준 음인 황종에 맞는 관을 만드는 부분이었다. 경전에 따르면 이 황종음을 내는 관은 기장이 1,200알이 들어가는 크기여야 했는데, 이게 문제였다. 조선의 기장 1,200알을 넣어서 관을 만들고 보니 중국에서 하사한 악기의 황종음과 맞지 않았다. 당연하지 않겠는가? 기장의 낱알 크기는 다 제각각일 것이며, 명과 조선의 종자가 같을 리도 없고 중국 안에서도 기장 크기가 다 다를 것이니 말이다. 자, 그러면 이를 어떻게 해결할 것인가? 기장 1,200알은 잊고 중국에서 하사한 악기를 그냥 복사하여 대충 악기를 만드는 방법도 가능할 것이며, 명에 가서 율관 하나 만들어 달라고 하는 방법도 생각해 볼 법하다. 아마도 이 두 가지가 가장 현실적인 방법이었을 것이다. 그럼 세종은 어떻게 했는가?

일단 명에서 내려준 악기는 문제가 많아서 이걸 그대로 복사하는 것은 의미가 없었다. 실록에서는 '만듦새가 몹시 거칠고 소리도 아름답지 못하다'고 평했다. 그런데 다행히도 12세기 고려 예종 때 송 휘종이 보내준 악기 중에 종과 경이 남아 있었다. 공민왕대 홍건적의 난에 어느 늙은 악공이 이 두 가지를 연못에 던져 넣어 보존한 덕분이었다. 기준 음은 일단 이 편경의 황종음이 기준이 되었다. 그럼 이 기준 음에 맞추어 대충 관을 만들면 되지 않을까? 세종과 박연은 그렇게 하지 않았다. 기장 1,200알 문제도 해결해야 한다고 생각했기 때문인데, 결국 이 문제도 해결해 냈다. 간단히 요약하면 밀랍을 녹여 인공 기장 낱알을 만들어서 1,200 알이 들어가는 일정 크기의 관을 만들고, 이것을 송에서 하사한 편경의 황종 소리에도 맞추어 해결한 것이다. 요약하니까 굉장히 간단한 것 같지만 송대 편경의 황종음에 맞는 관의 직경과 길이를 추출하고 그것이 기장 1,200알의 부피에 맞도록 기장 알의 크기까지 도출한 것이니 쉬운 작업은 아니었을 것이다. 여기에 진짜 기장 낱알이라는 조건 역시 충족해야 하므로, 만들 때도 황해도 지역의 기장 낱알 모양을 따서 만들었고, 만들고 나서 보니 우리나라 붉은 기장 중 작은 것과 꼭 같았다는 단서를 붙여 놓았다.

그냥 악기의 황종음만 맞추면 끝나는 것도 아니다. 기준이 되는 황종관을 만드는 게 필요했던 것은 이걸 기준으로 나머지 11음에 해당하는 관을 제작해야 했기 때문이다. 박연은 황종관을 기준으로 수학적 이론에 따라 계산하여 나머지 음관을 새롭게 만들었는데, 문제는 이렇게 새로 만든 음관이 중국에서 하사한 편경의 다른 음과 조금씩 맞지 않았다. 이에 대해 관료들은 박연의 음관을 의심하며 문제를 제기했으나, 박연은 기존 악기의 음 하나하나가 어떻게 틀려먹었는지를 거론하며 "내가 맞고 쟤네가 틀렸다"라고 일축했다. 결국 새로 조선에서 만든 경을 비롯한 모든 악기는 박연이 새로 만든 율관에 맞추어 조율했다. 새로 제작한 악기 소리를 들으며 세종은 음 한 개가 어찌하여 약간 높냐고 지적했는데, 살펴보니 경을 다듬기 위해 쳐놓은 가늠줄을 미처 다

갈아 내지 않은 데서 비롯한 것이었다. 세종의 절대음감을 알려 주는 유명한 일화다. 비록 전반적인 이야기의 전개를 볼 때 세종과 박연이 미리 짠 시나리오가 아닐까 싶기는 하지만.

이 기장 낱알 1,200알로 만드는 황종관의 이야기를 보고 있으면 세종이 겨누고 있던 지점이 어딘지를 잘 볼 수 있다. 그것은 현실의 명나라도 아니고(대충 만든 악기를 보내 준 명 영락제는 이렇게 조선의 실록에 박제되었다),[*] 과거의 특정 국가도 아니다. 잘 만들었다는 송의 악기조차도 다른 음이 정확하지 않자, 조선에서 연구한 이론에 따라 만든 새로운 이상적인 율관으로 새로운 아악기를 만들지 않았는가? 이들이 겨눈 것은 저 멀리, 실재하지 않는 이상향이다. 관료들은 '이래도 되나?' 하는 불안감을 보였으나 세종과 그의 전폭적인 지지를 등에 업은 박연은 자신만만했다. 내가 맞다고, 너희들이 절대음감을 아느냐고.

이러한 자신감이 훈민정음 창제와 《동국정운》 편찬에도 자리 잡고 있었다. 《동국정운》의 음운이 그렇게 이상하고 현실 음과도 달랐던 것은 이런 이상주의적 기획에서 비롯했기 때문이다. 그런 점에서 본다면 훈민정음은 양반의 문자권력과 중국을 추종했던 권위적이고 '사대주의'적인 당대 지배층의 비위를 건드린 것이 아니라,

---

* 고려 공민왕은 명 홍무제에게 요청하여 악기를 받은 적이 있었고 조선 태종 대 다시 명의 영락제에게 요청하여 악기를 받은 바 있다. 이로 볼 때 세종 대 갖고 있었던 명의 악기는 영락제가 하사한 것이다.

'보편 문화'를 함부로(?) 교정하려고 한 그 야심만만한 기획 때문에 비판에 부닥친 것이다. 아악은 관료들도 워낙 아는 게 없어 적극적으로 저항하지 못했으나 새로운 문자로 경전과 음운을 건드리는 문제는 이들도 큰 목소리를 낼 수 있었기 때문이다.

이러한 비판에도 불구하고 훈민정음은 엄청난 기세로 보급되었다. 조선 시대 내내 한자보다 한 수 아래로 취급받아 왔고, 이를 안다고 딱히 대단히 출세할 수 있었던 것도 아니었음을 감안하면 그 확산세는 놀라웠다. 중국 주변의 여러 나라에서 만든 문자 대부분이 그 국가의 멸망과 함께 살아남지 못했고, 우리 역시 일본에게 나라를 빼앗겨 식민지가 되었다는 점을 생각해 본다면, 훈민정음이 이렇게 살아남은 것은 역시 신기한 일이다. 이는 아마 아둔한 자라도 열흘이면 배울 수 있다고 한 이 문자의 만듦새 덕분이 아니었을까? "너희들 중에 누가 운서를 제대로 이해하느냐? 내가 음운을 바로잡지 않으면 누가 바로잡겠느냐!"고 일갈한 세종의 자신감은 근거 없는 것은 아니었다.

급속도로 늘어난 '배운 사람들'

552년(612년으로 보는 견해도 있다)에 두 친구가 함께 서라벌 외곽에 비석을 하나 세웠다. 임신년에 맹세를 기록한 비석이라 하여 임신서기석이라고 불리는 바로 그 비석이다. 내용은 크게 두 부분으로 나뉜다. 3년 후에 나라를 위해 충성의 도를 지키자는 것이 첫 번째 부분, 1년 전인 신미년에 우리가 《시경》, 《상서》, 《예기》 등등을 3년 동안 공부하자고 한 약속을 열심히 이어가자는 내용이 두 번째 부분이다. 총 74자의 간단한 내용인데, 흥미롭게도 쓰기는 분명 한자로 썼으나 어순이 그냥 우리말 어순이다. 즉 I love you가 아니라 I you love로 써놓은 것이다. 나름 한문 공부한 지 1년이 지났다는데도 이렇게밖에 못 쓴 것을 보면 그 공부의 진정성이 좀 의심스럽긴 하다.

7세기 중반 신라의 태종 무열왕은 당의 조서를 받았는데, 그중 이해하기 어려운 부분이 있었다. 마침 강수가 이를 한 번에 막힘없이 풀어 내고서는 조서에 답하는 표문도 멋들어지게 지어 냈다. 《삼국사기》에서는 이러한 강수가 신라에서 손꼽히는 문장가 중 하나라고 했다. 한문 조서를 제대로 해독을 못 해서, 그거 해독 하나 했다고 문명을 떨친 것을 보면, 신라는 역시 비슷한 시기 고구려나 백제와 비교할 때 한문 실력이 좀 달렸던 것 같다.

이제 시계를 한참 돌려 천여 년을 내려와 19세기로 가 보자. 안동의 유교박물관에는 1855년(철종 6) 영남의 유생 만여 명이 모여 사도세자 추존을 청하며 작성한 상소가 소장되어 있다. 상소문의 길이만 해도 100미터, 정말 만 명이 모여서 상소한다 하여 만인소라 불리는 영남만인소다. 1792년 사도세자 추존을 청하는 만인소가 올라온 이래 19세기 말까지 총 일곱 차례나 이러한 만인소가 올라왔다. 그러니까 외교문서 하나 제대로 읽을 사람이 드물던

① 광개토대왕비(중국 길림성 통구, 414년, 출처: 국립중앙박물관)
② 무령왕릉 지석(공주 송산리 고분, 523년, 소장처: 국립공주박물관)
③ 봉평 신라비(울진 봉평리, 524년, 출처: 문화재청)
④ 야마노우에비(군마현, 618년, 출처: 위키피디아)

사회에서 천여 년 만에 시골 선비들이 작성한 상소문을 이어 100미터짜리 한문 두루마리를 만들 수 있는 사회가 된 것이다. 한문 지식층의 두께가 이렇게나 달라졌다. 물론 계산기를 두드려 보면 만 명이 모두 상소문을 쓴 건 아니란 걸 알 수 있다. 100미터 나누기 1만 명을 하면 1명당 1센티미터에 불과하기 때문이다. 상소문 한 장이 1~2미터라고 가정하면 아마도 50~100명 정도 되는 사람이 상소문을 쓰고 나머지는 이름만 올렸을 것이다. 여하간 이렇게 긴 글을 쓸 수 있는 사람의 숫자, 거기에 동조해 이름을 올릴 수 있는 사람의 숫자 모두 천여 년 전에 비할 바가 아니다.

[그림 14] 동아시아 각국의 대표적인 문자 유물

신라가 고구려나 백제보다 한문 실력이 달렸던 것은 비슷한 시기 세워진 비석의 서예를 통해서도 짐작할 수 있다. 국립한글박물관의 연구보고서에서는 다음과 같이 비슷한 시기에 세운 비석의 서체를 통해 동아시아 4국의 한자 수용 선후를 추정했다. 먼저 고구려 광개토대왕비(①)는 북조 스타일의 힘찬 예서체요, 무령왕릉 지석(②)은 예서 이후 발달한 남조의 유려한 해서체다. 그러나 무령왕릉 지석과 거의 동시기인 봉평 신라비(③)나 이보다도 한 세기가 늦은 7세기의 일본 야마노우에 비석(④)의 글씨는 좋게 말하면 고졸하고, 심하게 말하자면 괴발개발이다. 문장 역시 유려한 한문이 아니라 차자와 변격한문*으로 작성된 비석들이다. 즉 고구려나 백제에 비해 신라나 일본의 한자 수용이 늦고 수준도 높지 않았다는 지적이다.

* 변격한문은 정식 한문 문법에 따르지 않은 한문이다. 자기말 어순 그대로 한문으로 쓰는 경우가 많다.

19세기에는 국가적으로 필요한 멋들어진 글을 작성하는 것도 한두 사람에게 편중되지 않았다. 1860년대 경복궁 영건 당시 각 전각의 상량문은 한두 사람이 아니라 가문이나 정치세력 등을 안배하여 여러 사람이 지었다. 그러나 고려 초만 하더라도 나라에서 명하여 세운 비석 대부분은 한두 사람에게 집중됐는데, 중국에서 귀화한 주저 같은 이가 적극적으로 등용되기도 했다. 고려 말 조선 초는 이때보다는 나았지만 그렇다고 크게 달라지지도 않았다. 이색, 권근은 이 시기 각종 서문과 발문 담당이었고, 15세기에는 김돈, 변계량, 서거정 등이 그 바통을 차례로 이어받았다. 그러나 몇백 년 후, 상황은 변화한 것이다.

무엇이 이러한 변화를 이끌어 냈을까? 결론부터 이야기하면 첫째, 한자문화권과의 밀접 접촉, 둘째, 훈민정음의 창제가 미친 영향을 들 수 있다. 앞서 한문 경전을 읽을 때 석독 구결과 음독 구결 방식이 있는데, 13~14세기를 거치며 석독 구결은 거의 사라지고 음독 구결만 남게 되었다는 이야기를 한 적이 있다. 석독 구결은 한문 원 문장을 읽을 때 우리말 어순에 따라 번역하며 읽는 것을 의미하고, 이를 돕기 위해 원문에 구결이 붙는 것을 말한다. 일반적으로 주어나 목적어에 해당하는 한자에 대한 토는 오른쪽에 붙고, 어순을 바꿔서 위로 올라가서 읽어야 하는 동사에 해당하는 한자의 토는 왼쪽에 붙는다. 일본에는 여전히 석독이 행해지고 있는데, 1970년대 우리나라에서도 석독 구결이 붙은 고려시대 문헌이 발견되기 전까지는 이것이 일본 고유의 읽기 방식인

한문이 말하지 못한 한국사 ⟶ ●

줄만 알았다.

그렇다면 왜 우리나라에서는 13~14세기 무렵 석독 구결 방식이 사라졌을까? 단정적으로 말하긴 어렵지만 이 무렵 한문에 익숙한 층이 많이 늘었던 것으로 볼 수 있지 않을까 한다. 언어학자 노마 히데키는 석독 구결은 원문 위에 뜻풀이가 적힌 일종의 투명 레이어를 얹어 놓고 읽는 방식이라고 표현했다. 이는 한문에 익숙하지 않은 이들이 원문을 이해하고 공부하며 읽기에는 편하지만 상당히 번거롭다. 한자의 뜻을 생각하며 왼쪽 구결도 참고하고 오른쪽 구결도 읽어야 하니 말이다. 이에 비해 음독 구결은 읽으면서 머릿속으로 자동으로 한문 문장을 해독해야 한다. 읽는 데 번거로움은 없지만 한자를 잘 알아야 한다는 단점이 있다. 예전에 한문을 배울 때 선생님께서는 스무 글자 정도는 한 번에 눈에 넣고 뜻을 알아야 유려하게 읽을 수 있고 그 정도는 되어야 문리가 조금 트였다고 할 수 있다고 하셨는데, 음독 구결은 이게 된다는 의미다. 그러니 음독 구결은 한문에 익숙한 식자층에 유용한 독법으로, 암송에 유리하다.

훈민정음의 개발은 이러한 경향을 더욱 가속화시켰다. 문자는 기억의 대체물이다. 그중에서도 이렇게 암송에 좋은 방식이 문자화되면 기억의 양과 깊이를 비약적으로 확장할 수 있다. 음독 구결이 한자음을 알아야 읽을 수 있는 방식이라는 한계가 있다면, 언해본은 한자를 보지 않고서도 구송을 할 수 있게 한다. 이제는 아예 보이는 대로 읽고 읊고 외울 수 있다는 의미다.

조선 초 이미 불교계에는 경전을 입으로 외워 읊을 수만 있지 뜻도 모르는 경우가 허다했다. 15세기 《금강경》과 《법화경》의 강경 시험을 보아서 제대로 못 하는 승려는 모두 환속시키려고 한다는 소문이 돌았다. 당대 유명 승려 신미는 이 소문을 듣고 임금 예종에게 몰래 언문 편지를 전해 그래서는 안 된다고 건의했다. "승려 중에 경을 외는 자는 간혹 있으나 강경 시험을 보면 천 명이나 만 명 중에 한둘밖에 통과를 못 할 것"이라고 말이다. 《금강경》이나 《법화경》 같은 기본 경전조차도 제대로 그 뜻을 이해 못 하고 읊어 대기만 하는 승려들이 태반이었던 상황을 잘 보여 준다. 그런 점에서 음독 구결은 이렇게 뜻도 모르는 암송으로도 승려 행세를 하기에 충분했던 시대에 적합하였을 것이다.

16세기 유교 경전이 언해되고 확산되면서 교양인의 확대는 더욱 가속화되었다. 1684년(숙종 10) 남구만의 건의는 백여 년 만에 언해가 유교 교양인의 확대에 어떠한 영향을 미쳤는지 단적으로 보여 준다.

식년문과는 3년마다 33명을 뽑는데, 단지 입으로 외는 것만 시험 보니 글의 뜻은 전혀 해득하지 못합니다. 그래서 외딴 시골의 거친 사람도 언문으로 어려서부터 읽기를 연습하다가 과거에 붙으면 서찰 주고받기도 못합니다(《숙종실록》 권15, 숙종 10년 9월 11일 갑술).

한문이 말하지 못한 한국사 ━●

16세기 성리학의 주요 경전이자 과거의 고시 과목 도서들이 차례차례 언해된 후 약 1세기 만에 이를 눈으로 보고 입으로만 외워서 과거에 붙는 사람들이 등장하기 시작했다. 이런 책이 등장하면서 혼자서도 과거에 붙을 만큼의 공부를 해낼 수 있었다. 비록 한문 글쓰기는 못 했지만 어쨌거나 경전 자구를 읊어 댈 수 있는 교양층은 급속도로 증가한 것이다.

시골 선비가 언문으로만 사서를 외워도 과거에 붙을 수 있는 마당에 여성이라고 그렇게 교양을 쌓지 않을 이유가 없다. 《열녀전》이나 《내훈》, 《곤범》 등의 여성 교육을 위한 책들의 간행본에는 한문 원문과 언해문이 공존하지만 여성들이 필사를 할 때는 번역문만 따라 쓰거나 구결이 달린 한글 독음을 필사하곤 했다. 즉 "배우고 때때로 익히면 그 또한 좋지 아니한가" 아니면 "학이시습지면 불역열호아"라고 필사한 것이다. 여성들은 한시를 짓거나 이를 필사할 때도 한글 독음만 적는 경우가 많았다. 조선 후기 유행한 소설에는 이렇게 한글 독음만 달리거나 구결이 붙은 한시들이 많이 들어가 있다. 《춘향전》의 '금준미주는 천인혈이오, 옥반가효는 만성고라' 같은 부분이 대표적이다. 어떤 때는 번역이 같이 실리기도 했지만, 어떤 때는 한시 음이 틀리기도 해서 정확한 내용을 파악하지 못할 수도 있었다. 어떤 경우건 소설의 대세를 이해하는 데에는 별 어려움이 없었다. 이러한 필사 방식은 한문 자체에 대한 깊이 있는 이해로 나가는 데는 문제가 있었을지 모르지만 필사한 내용이 담고 있는 교양의 확대에는 크게 기여할 수 있다. 비단 유교 교양뿐 아니라 다른 분야의 지식도 이런 방식으로 확산할 수 있었다. 풍수 지식이 대표적이었는데, 지관들은 한문이나 한시로 된 풍수서를 저본으로 이를 다시 우리말 가사체로 엮은 것을 교과서처럼 공부하고 암송했다.

우리는 조선 시대에 여성만이 훈민정음을 사용했고 엘리트 남성은 이를 천시하여 사용하지 않았다고 도식적으로 생각하기 쉽지만 사실 훈민정음은 드러나지 않을 뿐 모든 문자교육의 기초였다. 남성이건 여성이건 문자교육을 시작하면 먼저 한글을 익혔으며 엘리트 남성들도 이를 바탕으로 한문 공부로 나아갔던 것이다. 다만 공식적인 부문에 한글을 사용하느냐 마느냐의 차이만이 있었을 뿐이다.

훈민정음이 문자교육의 기초로 활용되자 한문을 교육하는 시간이 획기적으로 줄어들 수 있었다. 얼마나 줄여 줄 수 있었을지 상상해 볼 수 있는 비교 사례가 있다. 1950년대 중국의 문맹 퇴치 사업이다. 처음 문자교육을 시작했을 때에는 속성식자법이란 방법을 사용했다. 이는 한자를 익히는 보조문자로 주음자모(요즘 타이완에서 사용하는 주음부호)를 먼저 배우고 이를 바탕으로 한자를 학습하는 것이다. 기본적으로 2,000자 정도를 익혀야 통속 간행물을 읽을 수 있다고 봤는데, 이 방법을 통해 250시간 동안 한자 1,000자를 학습할 수 있었다. 1956년 간화자(요즘 중국에서 사용하는 간체자)를 보급하고 1958년 알파벳을 이용한 한어 병음을 정해 가르치면서 학습속도는 더 빨라졌다. 15~20시간 동안 알파벳으로 한어 병음을 배우고 나면 100시간 동안 1,500자 정도를 습득할 수 있었다. 도식적으로 정리해 보면 이렇다.

한 글자를 배우는 데 걸리는 시간
속성식자법 : 250(시간)×60(분)÷1,000(자) = 15(분)
한어병음법 : 100(시간)×60(분)÷1,500(자) = 4(분)

이를 미루어 보면 훈민정음 이전과 이후는 판이하게 학습의 여건이 바뀌었을 것이라는 점을 상상해 볼 수 있다. 중국에서도 문맹 퇴치를 위해 먼저 그 발음을 표기할 부호를 고민했던 것처럼 발음을 표시하는 수단을 가지면 한자 습득이 쉬워진다. 속성식자법과 한어병음법만 비교해도 4배 정도의 차이가 나는데, 우리의 경우엔 그런 발음 부호가 없다가 한어 병음처럼 편리한 훈민정음이 생긴 셈이니, 배우는 속도가 얼마나 빨라졌겠는가?

세종 대 《삼강행실도》와 정조 대 《오륜행실도》는 지식 교양의 분위기가 조선 시대 3백여 년 만에 얼마나 바뀌었는지를 단적으로 보여 준다. 세종 대 《삼강행실도》는 문자를 읽지 못하는 층에게 어떻게 하면 전달할 수 있을까 상당히 고민한 흔적이 여러 군데에서 보인다. 예를 들어 그림은 앞면에, 한문 원문은 뒷면에 배치하여 앞뒷면 딱 한 장으로 이야기가 끝난다. 이는 뒷면의 한문 원문을 읽을 수 있는 사람이 책을 들고 앞면의 그림을 짚어 가며 내용을 읽어 전달하는 것을 상정한 편집이다. 그림 역시 이야기

흐름에 따라 몇 단으로 나누어 이야기에 따라 장면 장면을 짚으며 설명할 수 있게 했다. 여기에 운문인 시나 찬까지 붙여서 구송에 대비했다.

한편 성종 대 붙은 언해는 윗 여백을 활용하여 그림 면과 글씨 면에 걸쳐 들어갔다. 이는 실용적 차원에서 판을 새로 짜는 수고를 줄이려는 이유도 있었겠지만 기본적으로 그림과 함께 언해를 읽는 것을 상정한 것이다.

이러한 전기의 행실도가 이야기의 전달 방식에 대해 깊이 고민하며 그 구성을 만들어 간 것이었다면 정조 대 나온 《오륜행실도》에는 그러한 고민이 보이지 않는다. 그림과 글이 붙은 것은 여전하지만 그 글은 여러 페이지에 걸쳐 펼쳐져 있고 언해 역시 한문 원문에 이어 붙어 있다. 15세기 나온 여러 언해 중에는 한자에 독음을 붙여 가며 음과 풀이를 달아 놓은 경우도 있었으나, 《오륜행실도》는 한문 원문이 다 나온 후에 언해문이 나온다. 언해 읽을

민손단의: 민손이 홑옷을 입다

민손이 어려서 어머니를 여의자 아버지가 후처를 들여 두 아들을 두었다. 민손의 계모는 자기애들에게는 솜을 넣은 옷을 입히고 민손에게는 갈대 이삭을 넣은 옷을 입혀 몰래 차별했다. 어느 한겨울, 민손이 아버지와 함께 수레를 몰고 가다 너무 추워 말고삐를 놓치자 아버지가 실상을 알고 분노했다. 이에 후처를 내치려 했는데, 민손이 아버지를 말리며 "어머니가 있으면 한 아들이 춥고, 어머니가 없으면 세 아들이 추울 겁니다"라고 했다. 이에 어머니도 크게 뉘우쳐 자애로운 어머니가 되었다.

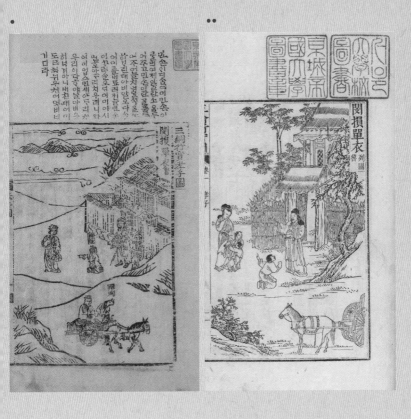

• [그림 15] 〈민손단의閔損單衣〉

《삼강행실도》. 가운데 판심을 접으면 한 면에는 그림이, 뒷면에는 글이 배치가 된다. 그림에는 수레를 타고 가는 민손 부자의 모습과 집에서 후처를 내쫓으려는 아버지를 말리는 민손의 모습 두 가지가 나누어 담겨 있어서, 뒷면의 글을 읽을 수 있는 사람이 앞면 그림의 장면 장면을 짚으며 이야기를 설명할 수 있게 했다. [그림 16]과 달리 민손이 고삐를 놓치는 모습까지 묘사할 정도로 축자적으로 이야기를 따라간 그림으로, 이야기 없이는 의미를 부여하기 어렵다. * 소장처: 서울대학교 규장각한국학연구원.

•• [그림 16] 〈민손단의閔損單衣〉

《오륜행실도》. [그림 15]와 이야기는 같지만, 여러 페이지에 걸쳐 한문과 한글이 이어져 있고, 그림은 민손이 아버지에게 호소하는 장면을 부각하여 그렸다. 수레는 오른쪽 아래에 배경처럼 일부만 표현하여 그림의 함축성을 높였다.

* 소장처: 서울대학교 규장각한국학연구원.

사람은 언해 보고, 한문 볼 사람은 한문 보라는 구성인 것이다.

정조 대 《오륜행실도》는 그림의 변화 역시 크다. 여기에서는 그 이야기에서 가장 인상적인 부분 한 장면만을 표현했다. 그렇기에 그림 구성이나 솜씨는 훨씬 빼어나지만 장식적인 삽화 이상의 의미를 가지기는 힘들다. 세종 대 《삼강행실도》의 그림은 이야기에 따라 장면을 두세 개로 분할하여, 이야기를 읽어 주면서 장면 장면을 짚어 가며 설명하게 했다. 이는 이야기 설명을 위해 특화된 방식이다. 정조 대의 변화는 이 시대가 더이상 행실도 이야기의 전달력을 그렇게 고민할 필요가 없었다는 것을 의미한다. 이미 사람들은 행실도와 행실도에 담긴 이야기에 익숙했기 때문에 앞에서부터 차례로 페이지를 넘겨 가며 한번 훑어 보는 정도면 충분했다.

시대의 단면 단면을 끊어서 본 것이긴 하지만 이처럼 시대에 따라 지식과 교양의 깊이 및 성격이 매우 달랐다. 연구자는 종종 각 시대의 유명 학자들을 늘어놓고 그 사상을 분석하곤 한다. 10세기의 최승로와 12세기의 김부식을 비교하거나, 15세기의 권근과 16세기의 이이, 18세기의 정약용 등을 늘어놓고 비교하는 방식이다. 그러나 각 인물이 살았던 시대와 사회는 각각 정말 다르기 때문에 이러한 분석은 평면적이고 부조적이기 쉽다. 그 시대의 지식과 교양의 깊이에 대한 적극적인 상상력 위에 그 시대 사람들을 배치하는 것이 필요하다.

사투리까지 담아낸 훈민정음

19세기 언제쯤에 평안도 벽동군에 김욱이라는 사람이 있었다. 이 사람은 대충 유학을 공부한다고 명패는 걸고 있었지만, 제대로 뭘 공부한 건 없는 사람이었다. 풍월을 좀 알고 시조나 창가 타령에 능했으며 춤도 잘 췄다고 하니, 한마디로 한량이었다.

어느 날 이 사람은 한양 구경을 하기로 맘을 먹었다. 소문을 듣자 하니 춤을 잘 추거나 노래를 잘해서 벼슬을 받았다는 사람이 꽤 있다는 것이다. 그런 분야라면 내가 빠질 것이 없다 생각하며 한양에 온 김욱은 임금님이 계신다는 구중궁궐 구경에 나섰다. 밖에서 빼꼼빼꼼 기웃대던 중 우연히 박씨 성을 가진 남자를 만났는데, 이 사람이 또 사나이가 아닌가! 합이 잘 맞은 둘은 술집으로 직행하여 진탕 술을 마셨는데, 마침 박가가 궁궐 들어가는 법을 안다며 요령을 귀띔해 주었다. 궁궐 수문으로 몰래 들어가 숨어 있다가 사람 없을 때 나와서 구경을 하라는 거다. 똘끼 넘치던 김욱은 들은 그대로 궁궐 수문으로 들어가 숨어 있었는데, 이런 허술한 계책이 먹힐 리가. 금군에게 들켜 버리고 말았다.

지금으로 따지면 대통령 관저에 잠입하다 잡힌 꼴이니 훈방으로 곱게 넘어갈 리가 없다. 포도청에 끌려와 두들겨 맞으며, 궁궐에 숨어 들어온 이유를 대라, 배후가 있느냐 등의 모진 신문을 받자 김욱은 이렇게 외쳤다.

"평생 졸가리도 아이 마저 보다가"

"그저 살과주옵소서"

　김욱의 공초는 여타 공문서가 그렇듯이 모두 이두가 섞인 한문으로 작성되어 있는데, 유독 이 두 문장은 한글로 작성되어 있었다. 한글은 한글이로되 처음 읽었을 때는 이게 무슨 소린지 알 수가 없었다. 나중에 찾아보니 '졸가리'는 '종아리', '살과주옵소서'는 '살려주옵소서'의 평안도 사투리였다. 이걸 알고 나니 머릿속에서 '평생 졸가리도 아이 마저 보다가'라는 구절이 평안도 억양으로 재생이 되었다.

　이 한심한 한량 김욱은 돈만 많이 내면 어떻게 살 수 있을 거라 생각했는지 "수억만 냥이라도 낼 테니 살과주옵소서"라고 한마디 더 했다가(이 문구 역시 한글로 적혀 있었다) 더욱 가열찬 신문을 받았다. 네 놈이 뭔 돈이 있어 수억만 냥을 내겠다고 하느냐, 배후가 있는 게 틀림없다! 이러면서 말이다. 결국 이 사람이 전라도 강진현 신지도로 유배 가는 것으로 이야기는 마무리된다. 법대로 하자면 참형인데, 이 인간은 미친놈이라고 하며 봐 줘서 그나마 유배로 끝이 났다.

　공초를 적던 관리가 김욱의 다른 언설은 이두문으로 적다가도 어째서 유독 저 말들은 한글로 옮겨 놓았는지, 이제 와서 그 이유를 확실하게 알기는 어렵다. 아마 저 관리도 나처럼 '졸가리도 아이 마저 보다가'나 '살과주옵소서'라는 사투리가 낯설고 무슨 말

한문이 말하지 못한 한국사 ──●

인지 몰라, 일단 발음 나는 대로 적다 보니 한글을 사용한 것이 아닐까 싶다.

한글 기록 중에는 이렇게 사투리가 그대로 살아 있는 것들이 꽤 많다. 전라도 사투리가 풍성하게 담긴 판소리가 그 대표가 될 것은 물론이요, 개인이 주고받은 편지글에서도 이를 볼 수 있다.

마님 기체후 일<u>힝</u> 만안ᄒ옵신지 <u>벵</u> 복모 구〃 무님하셩니오며 …… <u>비지</u>ᄒ신 <u>말심</u>은 쇼인으 마음에도 합당ᄒ옵고 …… 말심을 <u>살불너지</u> 하쳥 허옵시기를 바<u>릭</u>옵네다(고목, 1894).

이 편지는 조병길이 영남 지방 수령으로 재임하던 중 그 지역의 아랫사람으로부터 받은 것이다. 한국어학자 황문환은 위에서 밑줄로 표시한 단어들이 이 시기 중앙어와는 다르게 발음되고 있음을 지적했다. 이 시기에 위 단어들은 중앙에서 일반적으로 일향一向, 병竝, 말슴, 슬올런지 등으로 사용되던 것이다. 그런 점에서 위 편지 속 표기는 당시 경상도 방언으로 보고 있다. 고유어뿐만 아니라 발음의 보수성이 강한 한자어의 발음도 사투리대로 기록됐다는 점이 흥미롭다.

사투리에 대한 민감성은 원래 그랬던 것이며 당연한 것일까? 여기에서는 원래 그랬던 것이 아니라 훈민정음의 창제가 이러한 말소리 표기의 민감도를 높이는 계기가 되었을 가능성을 제시하고자 한다. 이는 15세기 언해된 불경을 학습하던 사람들의 사례에서 간접적으로 유추할 수 있다.

한국어학자 이전경은 간경도감 언해본의 의미를 추적하며 보물로 지정된 《묘법연화경》, 흔히 《법화경》이라 부르는 경전에 주목했다. 이는 15세기에 판각된 목판본인데, 가장자리에는 간경도감에서 낸 《법화경언해》의 주석을 옮겨 놓은 게 많다. 즉 목판본 불경의 여백에 《법화경언해》를 참고하며 메모를 해놓은 것이다. 우리가 영어 책을 보다가 사전을 찾아 모르는 단어의 뜻을 옮겨 놓은 방식을 떠올리면 된다. 이럴 때 우리는 사전 내용을 나름으로 소화해서 옮겨 놓게 되는데, 이 주석 역시 그러하다.

좀 더 자세히 보자. [그림 17]의 본문 상단 주석은 결가부좌의 각 글자를 풀이한 해설이다. 이 사람의 해설과 《법화경언해》의 주석을 비교해 보자(이해하기 쉽도록 영어 책과 영어 사전으로 비유해 보았다).

(영어 사전) 법화경언해: 結은 겨를씨오 加ᄂᆞᆫ 더을씨오 趺ᄂᆞᆫ 밠
둥이오 坐ᄂᆞᆫ 안즐씨니

(영어 책에 내가 옮겨 쓴 노트) 보물 법화경: 結ㄱ 겨를시오 加ㄱ
더을시오 趺ㄱ 맔둥이오 坐ㄱ 안즐시니

《법화경언해》에서는 '은/ᄂᆞᆫ'의 보조사를 한글로 적었으나 이 사람은 구결 'ㄱ'을 사용하여 표현했다. 또 어미의 '씨오'를 이 사람은 '시오'로 표기했다. 맔둥은 밠둥의 오기일 것이다. 이렇게 표기 방법이 달라진 것, 특히 조사를 구결로 쓰는 것 등은 언해를 베낀

사람이 무조건적으로 자구 그대로 옮긴 것이 아니라 한글을 이해하고 기존 자신의 표기법과 섞어 가며 썼다는 것을 보여 준다. 또 '씨오'를 '시오'로 옮겨 적는 것에서는 자기 발음을 능동적으로 생각하고 적는 과정이 진행되었음을 알 수 있다. 이러한 현상은 비단 이 자료뿐만 아니라 간경도감 언해본이 나온 이후의 여러 조선 불경의 구결 등에 일반적으로 나타나는 현상이라고 한다.

음을 소리 나는 대로 쓰고 싶은 욕구나 시도는 오래전부터 있었지만 차자를 활용하는 것은 여러 한계가 있었다. 그러나 훈민정음은 막힌 데 없이 이를 펼쳐 놓을 수 있는 장을 마련해 주었다. 한국어학자 허인영은 기본적으로 훈민정음 창제에 관여한 이들부터가 이러한 음가에 상당히 예민했던 것 같다고 귀띔해주었다. 예를

[그림 17] 《묘법연화경》 일명 《법화경》. * 소장처: 한솔종이박물관.

들어《훈민정음해례본》의 합자해를 보면 모음 "ㅣ" 다음에 "ㆍ"나 "ㅡ"를 합치는 것은 하지 않지만, 애들 말이나 시골말에는 이런 발음이 있기도 하다는 해설이 있다. 전라도 사투리에서 '영감'이 '이응감'처럼 들리는 것 등에 대한 해설이다.

이렇게 훈민정음을 통해 표음적 표기에 눈을 뜨게 되자, 구결자에도 표음적 표기가 늘어나며 다양해지게 되었다. 내용은 어차피 같기 때문에 음을 굳이 구분할 필요가 없는 '은/는', '와/과' 같은 조사를 표현하는 구결자도 음에 따라 분화된 것이다.

15세기 훈민정음이 나오지 않았다면 의성어와 의태어가 풍부한 고유어 역시 줄어들었을 가능성도 배제할 수 없다. 한국어는 의성어와 의태어의 천국이라고 일컬어진다. 언어학자 노마 히데키에 따르면 일본어보다도 훨씬 풍부하다고 한다. 이 풍부한 의성(의태)어는 훈민정음의 창제 동기이기도 했겠지만, 동시에 그 결과였을 수도 있다. 생각해 보라. 고유어 노래의 기세가 꺾이고 경기체가 같은 한문식 노래가 유행하던 시절, 훈민정음 없이 '말랑말랑', '몰랑몰랑', '물렁물렁'을 구별하는 우리말이 보전될 수 있었을까?

훈민정음은 이러한 위기에 새로운 무대를 열어 주었다. 한글을 배운 사람들은 입으로만 전해 오던 옛날이야기들을 다투어 옮겨 적기 시작했다.《오륜전전》을 지은 이항은 "여항의 무식쟁이들이 언자(한글)를 배워 노인네들이 전하는 (음탕하고 허탄한) 이야기를 베껴 밤낮으로 떠들고 있다"며 못마땅해했다. 그는 무식쟁이들이

질 나쁜 이야기들을 기록하고 있는 것이 문제라고 느꼈을지 모르겠지만, 이는 드디어 사람들이 말소리를 붙잡아 문자로 정착시킬 수 있었음을 의미한다.

그래서일까. 18세기 사람들은 사투리와 서울말을 민감하게 인식했던 것 같다. 18세기 전라도에서 살아간 위백규는 서울만 다녀오면 어떻게든 서울 말씨 흉내를 내는 사람들을 이렇게 비판했다.

지금 경어京語는 바로 한양의 본래 음이지만, 반드시 도읍이라고 해서 바른 음을 가지고 있다고 할 수는 없다. 옛날 신라는 영남 지방 음을 경음으로 삼았고, 백제는 호남 지방 음을 경음으로 삼았으며, 고구려는 관서 지방 음을 경음으로 삼았고, 단군은 해서 지방 음을 경음으로 삼았다. …… 언제 도읍을 기준으로 삼아 그곳의 토속을 변화시킨 적이 있었는가. 경음京音(서울말)을 가지고 향음鄕音(사투리)을 놀리고 비웃기 때문에 한양에 다니러 간 시골 사람들은 기필코 경음을 본받으려고 하니 모두 고루한 짓이다(《존재집》 권13, 잡저 격물설).

'남아일언 중천금'을 '마마잃은 중천공'으로, '에어컨 실외기'를 '에어컨 시래기'라 잘못 옮겨 적을지언정, 구술의 세계를 표음문자로 기록하며 사람들은 자신의 말소리를 인식하고 남의 말소리에 민감하게 귀 기울인다. 다양한 사투리의 세계는 이러한 분위기에서 포착되고 문자 기록으로 남을 수 있었다.

폰트와 필기구, 활자와 기술 그 너머의 이야기

윤치호는 1889년 12월 7일 국문으로 쓰던 일기를 영문으로 쓰겠다고 하며 다음과 같이 이유를 밝혔다.

오늘부터 영어로 일기를 쓰기로 작정하다. 그 까닭은 첫째 우리말로는 지금의 여러 가지 일을 다 세세히 쓰기 어렵고, 둘째는 온갖 일을 세세히 쓰기 어려운 까닭에 매일 빠트리는 일이 많아 일기가 불과 날수와 흐리고 맑음을 기록할 뿐이오, 셋째는 영어로 일기하면 달리 필묵을 바꾸지 않고, 넷째는 영어를 배우기가 신속한 까닭에 이리하는 것이다(송병기 역, 《국역 윤치호 일기 1》 연세대학교 출판부, 2001, 596쪽).

영어 일기 쓰기는 실용적인 목적에서 지금도 공부법으로 많이

• [그림 18-1] 경합하는 필기구
붓, 연필, 펜 등 다양한 필기구로
한문, 일문, 국문을 쓴 흔적을 볼 수 있다.
* 출처: 《윤치호 일기》 1883년, 미국 에모리 대학 도서관 디지털 컬렉션.

•• [그림 18-2] 펜으로 덧쓴 일기
연필로 한문 일기를 쓰던 윤치호는 Wednesday, Friday 같은
영어 단어는 나중에 펜으로 덧썼다.
* 출처: 《윤치호 일기》 1883년, 미국 에모리 대학 도서관 디지털 컬렉션.

年十八十歳 方百馬角

流知乙、弓、口威奏禾

遍未兎墨 寒呂庄金

夫

Sunday
Monday
Tuesday
Friday
Wednesday
Thursday
today

시키는 것이고 첫째, 둘째 이유도 우리가 종종 겪는 일이다. 외국에서 생활을 오래하다 보면 거기에서 있었던 이슈를 우리말로 옮겨 적는 게 힘들어진다. 외국어 실력이 늘어서가 아니고 한국어 실력은 주는 데다가 언어 전환을 하는 것이 원래도 힘들기 때문이다.

그는 평소 일기를 쓸 때도 한문이건 영어건 번역하기 힘든 것은 원어를 그대로 노출하며 썼다. 그만큼 여러 언어를 횡단은 할 수 있었지만 그것을 하나의 언어로 정돈하여 글을 쓰는 것이 쉽지 않았던 듯하다. 그중에서도 특히 우리말로 전환하는 것이 한문보다 더 쉽지 않았던 것 같기도 하다. 이걸 보면 조선의 남성 엘리트는 감성을 담는 글쓰기는 한글이 더 편할지 몰라도 깊은 사고를 담는 글쓰기는 한문이 여전히 편했던 것 같다. 글짓기는 어차피 연습이기 때문에 한글로 논리적인 글을 짓지 않던 시대에 그러했을 것이라는 점은 충분히 이해가 가는 부분이기도 하다.

그런데 무엇보다 지금 우리의 시선을 끄는 것은 세 번째 지점이다. 영어로 일기를 쓰면 필묵을 바꾸지 않아도 된다니, 이게 무슨 말일까? 한글로 번역하며 쓰기 어려우면 영어를 그대로 노출해서 쓰면 되는데, 그럴 때마다 윤치호는 필묵을 바꿔야 한다는 부담을 가졌던 듯하다. 영어는 펜으로 써야 한다는 생각이 있었던 것 같고, 또 세로쓰기에서 가로쓰기로 전환했던 것 같은데 그 쓰는 풍경을 상상해 보면 꽤나 번거롭긴 했을 듯하다. 어떤 면에서 윤치호가 한글 일기 쓰기를 그만두고 영어 일기로 통일한 가장 큰 이유는 필묵을 바꿔야 하는 번거로움이었을 것 같다. 그렇지

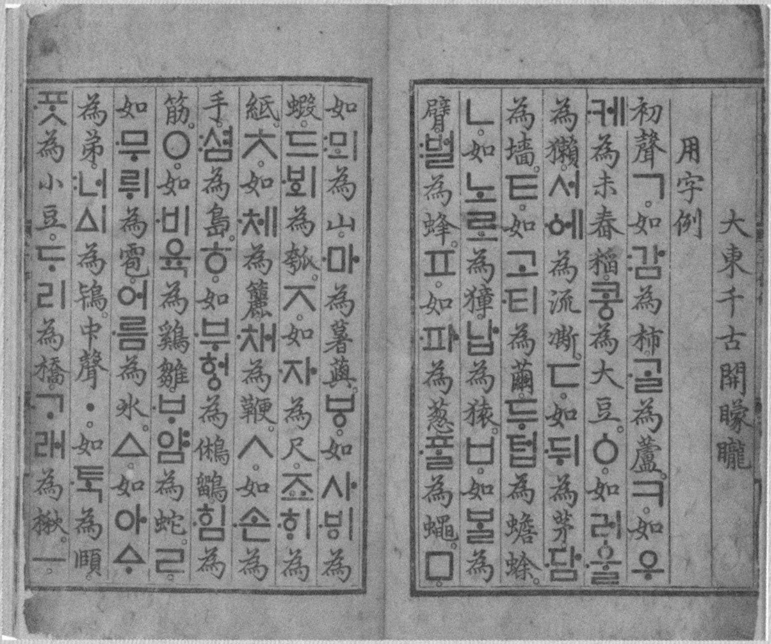

大東千古開矇矓

用字例

初聲ㄱ。如감爲柿。골爲蘆。ㅋ。如우
케爲未舂稻。콩爲大豆。ㆁ。如러울
爲獺。서에爲流凘。ㄷ。如뒤爲茅。담
爲墻。ㅌ。如고티爲繭。두텁爲蟾蜍。
ㄴ。如노로爲獐。납爲猿。ㅂ。如볼爲
臂。벌爲蜂。ㅍ。如파爲葱。풀爲蠅。ㅁ。

如뫼爲山。마爲薯藇。ㅸ。如사ᄫᅵ爲
蝦。드ᄫᅵ爲瓠。ㅈ。如자爲尺。죠ᄒᆡ爲
紙。ㅊ。如체爲籭。채爲鞭。ㅅ。如손爲
手。셤爲島。ㅎ。如부헝爲鵂鶹。힘爲
筋。ㅇ。如비육爲鷄雛。ᄇᆡ얌爲蛇。ㄹ。
如무뤼爲雹。어름爲氷。ㅿ。如아ᅀᆞ
爲弟。너ᅀᅵ爲鴇。中聲ㆍ。如ᄐᆞᆨ爲頤。
ᄑᆞᇫ爲小豆。ᄃᆞ리爲橋。ᄀᆞ래爲楸。ㅡ

[그림 19]《훈민정음해례본》
유려하고 부드러운 한자 글자체에 비해 훈민정음 자모는 자를 대고 그은 것처럼 딱딱하다. * 소장처: 간송미술문화재단.

않다면 굳이 영어 일기 쓰기를 하겠다고 '선언'까지 할 필요가 있었을까?

훈민정음을 처음 창제한 이들은 이 글자를 꼭 붓으로 쓰는 것을 상정하지는 않았다. 초기 간행 도서는 같은 페이지의 한자와는 달리 훈민정음은 아주 딱딱한 고딕체 계열로 되어 있다. 언어학자 노마 히데키는 이를 예리하게 간파하며 이러한 글자체는 붓이 아니라 나무 막대기 같은 것으로 쓰는 것을 상정한 것으로 보았다. "어린 백성"에게 늘 붓과 먹이 있으란 법이 어디 있는가?

적절한 필묵을 구하지 못해 나무펜이나 갈대펜으로 한문을 쓴 사례는 다른 데서도 찾을 수 있다. 8세기 말 돈황이 그러했다. 이시기 돈황은 티벳인에게 점령당해 중국 본토와는 분리되면서 이전 시기에 수입해 오던 종이, 붓 등을 구할 수 없는 상황이 되었다. 그런데 이 새로운 점령자가 나무나 갈대펜으로 티벳문자를 쓰는 게 아닌가? 돈황의 한인들은 재빨리 그 펜에 적응하여 한자를 썼다. 여기서 재미있는 점은, 펜으로 쓰면서도 예전처럼 중후한 굴곡과 양감 있는 글씨체를 구현하고 싶어 여러 차례 펜으로 덧칠을 하며 그 모양을 만들었다는 것이다.

중국사학자 후지에다는 한자의 '전서→예서→해서'라는 서체의 변천은 '고필古筆→진필秦筆→금필今筆'이라고 하는 붓의 진화에 부응했다고 보았다. 또한 강한 삐침의 예서와 부드러운 해서는 각각 목간과 종이라는 필기구의 변화와 조응한다고 했다. 문자는 이렇게 쓰는 도구와 밀접하게 연결되어 있다.

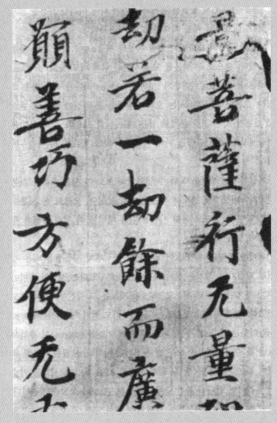

[그림 20] 펜으로 쓴 불경을 확대한 모습
나무펜이나 대나무펜으로 썼음에도 실물을 자세히 보지 않으면
덧대서 모양을 만든 것임을 알 수 없을 정도로 붓글씨를 잘 흉내 냈다.
* 출처: 후지에다 아키라, 오미영 옮김, 《문자의 문화사》, 박이정, 2006, 195쪽.

이런 점을 생각하다 보면, 영화 〈한산〉의 한 장면이 거슬리게 된다. 바로 항왜인 준사가 언덕에 올라 염탐을 하며 작은 공책에 붓으로 이러저러 메모를 하고서는 그 붓을 공책 사이에 탁 끼워 넣고는 돌아서는 장면이다. 먹물 묻은 붓을 공책 사이에 끼워 넣으면 공책에 먹물이 다 묻을 텐데? 일단 여기에서 물음표 한 개. 먹물은 굉장히 쉽게 말라 버리고 종이는 정말 구하기 힘든데, 야외에서 스파이짓 하는 항왜가 무슨 재주로 저런 이쁜 공책을 구했으며, 어디다 먹물과 붓을 들고 다닐까? 물음표 두 개다. 이 부분의 역사성을 살리고 싶었다면, 종이 공책이 아닌 목간이나 죽간이 더 맞았을 것이요, 붓이 아니라 목탄을 쓰는 게 더 적절했을 것이다. 역사학자의 '사소한' 트집 잡기에 부디 짜증내지 마시길! 디테일이 살 때 관객이 몰입한다.

근대에 로마자는 새로운 필묵과 함께 들어왔다. 윤치호는 필묵에 적응하는 데 어려움을 겪었지만 이후의 사람들은 이 새로운 필묵에 적응했다. 하지만 역으로 로마자를 우리의 옛 필묵에 적응시킬 수도 있지 않았을까? 실제로 그렇게 한 곳이 있다. 바로 베트남이다. 비교적 이른 시기부터 로마자를 활용하여 자국어 표기를 시작한 베트남에서는 베트남 특유의 서예가 발달했다. 이전에 한자나 쯔놈을 쓰듯이 붓으로 로마자를 멋들어지게 쓰는데, 이름은 조금 다르지만 해서, 행서, 초서와 거의 비슷한 개념으로 서체 구분도 된다. 요새도 많은 베트남 서예가는 한자나 쯔놈 서예도 하지만 로마자 알파벳 서예도 한다. 베트남의 설날인 뗏이 되면

거리에 베트남식 서예로 "Tết"이라고 쓴 걸개가 걸리고 사람들은 한 해의 복을 기원하는 문구가 적힌 서예 족자를 받아오곤 한다. 알파벳 자음과 모음이 모여 구성하는 한 개의 음절이 가로로 한 줄에, 그다음 음절은 차례로 세로로 쓰인 이러한 족자는 세로쓰기의 한자 및 붓과 먹의 문화가 가로쓰기의 알파벳과 만나 어떻게 변용되는지를 흥미롭게 보여 주고 있다. 변화는 꼭 한 방향이지는 않다.

서체에 대해서도 생각해 보자. 중고등학교 시절 국사를 배울 때 지루하기 짝이 없는 내용으로 이런 것도 있었다. "서예는 고려 전기에는 구양순체가 주류를 이루었는데, 탄연의 글씨가 특히 뛰어났다. 후기에는 송설체가 유행했는데, 이암이 뛰어났다." 아니, 뭐 어쩌란 말인가? 구양순체와 송설체

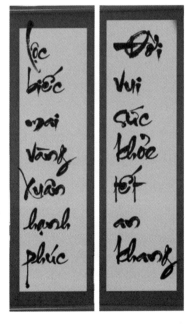

[그림 21] 베트남 로마자 서예로 쓰인 족자
설에는 Phúc 福, Lộc 祿, Thọ 壽, Đức 德, Trí 智 Tài 材 등의 글자 등을 써서 걸어두곤 한다.
출처: https://www.vietnamonline.com/tet/vietnamese-traditional-calligraphy-during-tet.html

의 차이를 설명해 주는 것도 아니고 그러한 서체의 유행이 갖는 역사적 의미를 설명해 주는 것도 아니다. 탄연과 이암은 또 누군가? 이 지식을 내가 외워야 할 이유는 어디에 있단 말인가?

지금 우리에게 서체란 그저 개인의 손놀림에 달린 것에 불과하지만, 예전에는 이것이 정치적·문화적 이데올로기와 깊게 관련되곤 했다. 좀 먼 사례긴 하지만 카롤링거 왕조의 문자개혁이나 20세기 독일 나치의 문자정책은 텍스트의 가독성에 영향을 끼치기도 하고 글꼴과 관련된 어떤 정치적·문화적인 이데올로기가 발현되기도 했다. 한자문화권의 서체 역시 그 태생이 몹시 정치적이었을 뿐만 아니라 이념적·문화적 논쟁을 수반해 왔다. 조선 세종 대에는 외교문서의 서체가 마뜩치 않다며 좋은 법첩을 구비하려 했고, 세조 대에는 조맹부, 왕희지의 법첩을 인쇄해서 성균관 학생들을 교육시키라고 명하기도 했다. 조선 시기 내내 많이 유행했던 조맹부의 글씨(송설체)는 조선 중기쯤 되면 그의 행적이 절의가 없었다고 문제시되면서 평가가 낮아지기도 했다. 조선 후기 남인 학자 허목의 독특한 전서체는 그의 사상과 깊은 관련을 맺고 있기도 했다. 조선에서도 서체는 정치적 통제 및 문화적 이데올로기와 무관하지 않았다.

금속활자 얘기도 그렇다. 우리의 금속활자가 구텐베르크보다 빨랐느니, 빨라 봤자 별 소용이 없다느니 하는 등의 얘기의 굴레에서 좀 벗어나고 싶다. 언제까지 과학기술의 근대주의적 담론에만 매몰되어 있을 것인가? 이제는 거기서 한 걸음 더 나아간 질문을 할 때가 되었다. 예를 들어 기록상 금속활자를 사용해 인쇄했다는 사실이 분명하게 밝혀진 책은 《상정고금예문》이다. 이 책은 12세기 후반 고려 의종 대에 처음 만들어졌으나, 1232년 강도로 천도하면서 최우가 가지고 온 딱 한 질만 남았다. 그러자 이를 금속활자로 28부를 다시 찍어 여러 관부에 나누어주었다. 그런데 여기서 더 주목해야 할 것은 이 책이 조선으로 따지면 《국조오례의》 같은, 굉장히 중요한 책이었다는 점이다. 이규보가 지은 《상정고금예문》의 발문에서는 이렇게 대단하고 중요한 책을 강도로 가지고 온 것도, 그리고 이를 금속활자로 다시 찍은 것도 모두 무신집정 최우의 공이라고 했다. 한편 비슷한 시기 최우는 《남명천화상송증도가》를 목판으로 번각해서 찍었다. 원본이 금속활자로 인쇄된 것이었음에도 불구하고 그는 이 책의 인쇄에 목판이라는 방식을 선택했다. 어차피 목판으로 찍을 생각이었다면 다시 예쁘게 정서해서 판을 짰으면 좋았을 텐데, 그냥 이전 금속활자본을 번각했기 때문에 금속활자의 단점이 그대로 남은 목판본이 되고 말았다. 우리는 이러한 사실들을 가지고 금속활자가 얼마나 일찍부터 사용되었는지 그 연원을 찾는 데에만 급급할 게 아니라, 왜 최우가 어떤 책은 금속활자를, 어떤 책은 목판 번각을 선택했는지에 대한 의문으로 나아갈 필요가 있다.

1403년(태종 3) 조선 최초의 계미자가 하루에 서너 장밖에 찍어 내지 못했다고 그 기술적 한계를 지적하는 것도 마찬가지다. 질문은 여기서 멈추면 안 된다. 하루에 서너 장밖에 못 찍어 내는 그

지지부진함에도 불구하고(이런 속도면 솔직히 손으로 쓰는 게 몇십 배는 빠르다), 왜 금속활자 인쇄를 선택했는지, 그것도 나라 세운 지 10년밖에 안 되고 정권 안정이 긴요하던 그 시기에 이를 만들기 시작했는지, 어떤 책을 펴냈는지, 그것이 의미하는 바는 무엇인지 등에 대한 질문으로 나아갈 필요가 있다.

조선 시대의 금속활자 및 목판 인쇄는 기술사적 질문에서 한 발 더 나아간 질문이 필요하다. 서체에 대한 이야기 역시 마찬가지다. 미학적 평가를 넘어선 질문이 필요하다. 서지학적 연구, 미술사적 연구 성과를 바탕으로 다른 분야 연구자들도 관심을 기울여야 할 부분이다. 질문이 많아지고 좋아져야 답변도 좋아진다.

04

언문이 열어 준
조선 사회의 틈새

정조의 뒤죽박죽, 양반 남성도 한글 썼다

몇 년 전 정조의 비밀 편지가 발견되어 세상이 떠들썩했다. 정조와 꽤나 사이가 안 좋았다고 알려진 벽파의 거두 심환지에게 보낸 편지였다. 놀랍게도 그 내용은 정조가 심환지에게 당신이 이렇게 저렇게 움직이면 내가 이렇게 저렇게 움직여 무엇을 추진할 테니 이에 맞추어 준비해 달라는 것이었다. 이 편지는 정치의 무대 이면에서 이루어지던 다양한 협상과 계략, 기획 등을 보여 주어 많은 이들의 관심을 끌었다. 심환지는 알려진 것만큼 사사건건 정조에게 반대만 하던 인물은 아니었으나 태워 버리라는 편지를 안 태워 버리고 잘 보관하고 있었다는 점에서 괜히 그런 세간의 평이 생긴 게 아님도 잘 보여 주었다. 그러면서도 때때로 드러나는 매우 거친 어

한문이 말하지 못한 한국사 ⸺●

투의 편지글은 정조의 성깔 역시 만만치 않음도 드러냈다.

　이때 발견된 여러 편지 중에서도 특히 눈에 띄는 편지가 하나 있다. 한문으로 휘갈겨 쓴 글 중간에 '뒤죽박죽'이라는 한글이 갑자기 툭 쓰여 있는 편지다. 편지는 요새 벽파 사람들이 뒤죽박죽해서 맘에 안 든다고 투덜대는 내용이다. 유려하게 한문을 써나가던 정조는 왜 굳이 '뒤죽박죽'이란 말을 한글로 썼을까?

　정조는 조선의 역대 국왕 중에서 공부도 좋아하고(이 점에서는 세종과 상하를 다툰다), 한문을 잘 구사했을 뿐만 아니라 그걸 과시하기 좋아하기로도 유명한 군주다(이 부분에서는 정조가 타의 추종을 불허한다). 그런 점에서 볼 때 '뒤죽박죽'이라는 한글을 쓴 건 결코

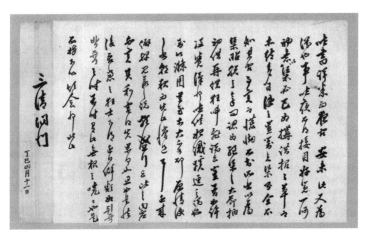

[그림 22] 정조 어찰
《정조어찰집》1797년 4월 11일. 왼쪽에서 세 번째 줄 아래에 '뒤죽' 이,
두 번째 줄 위에 '박죽' 이 쓰여 있다. * 소장처: 국립중앙박물관.

정조가 이에 해당하는 한문 표현을 못 찾아서 그랬다고 볼 수는 없다. 한문 초보자도 대충 '뒤죽박죽'에 해당하는 표현을 찾을 수 있기 때문이다. 그런데도 정조가 굳이 그 부분에 한글을 집어넣어 쓴 것은 아마도 한문만으로는 다할 수 없는 어떠한 효과 때문이었을 것이다. '너네 **뒤죽박죽**이라 진짜 진짜 짜증이다' 정도의 뉘앙스였을까?

18세기 유만주는 한문 일기를 쓰면서도 '보숑보숑', '머흘머흘' 등의 단어를 한글로 적곤 했다. 정조의 '뒤죽박죽', 유만주의 '보숑보숑', '머흘머흘'은 모두 의태어다. 의성어와 의태어는 어느 언어로건 번역하려면 못할 것은 없지만 그렇게 번역하는 순간 왠지 그 맛이 훅 떨어져 버린다. 그래서인지 한때 노벨문학상 얘기만 나오면 의성(의태)어 핑계를 대며 우리말은 번역이 불가능해서 세계 문학계에서 알아주질 않는다는 유의 이야기도 유행했다. 그러나 이런 식으로 얘기하면 세상에 번역이란 건 가능하지도 않다.

여하간 번역이 불가능한 것은 아니었어도 조선 후기 상층 남성 엘리트에게 굳이 번역하지 않고 구어를 그대로 노출하고 싶어 하는 한 끗이 있었다는 점을 정조의 편지나 유만주의 일기가 보여준다. 그리고 한문으로 가득한 속에 딱 한마디 드러나는 저 '뒤죽박죽'은 편지를 읽는 심환지에게도 강렬하게 전달되었을 것이다.

이는 이 시대 문자생활의 한 단면, 그리고 어떤 모순점을 보여준다. 조선 시대 문자생활 이야기를 하면 우리는 흔히 여성의 한글 사용, 남성의 한문 사용이라고 도식적으로 생각하기 쉽다. 여

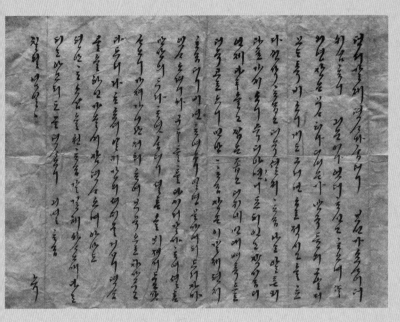

[그림 23] 17세기 유시정이 아내인 안동 김씨에게 보낸 한글편지
남성들의 한글편지도 글씨가 상당히 훌륭하고 자기만의 독특한 필체도
형성되어 있는 것을 볼 수 있다. 남성 한글 서예의 수준은 그만큼 이들이
한글을 많이 연습하고 많이 썼다는 걸 보여 준다.
* 출처: 황문환, 《조선시대의 한글 편지 언간》, 역락, 2015, 159쪽.

기에 남성의 문자 사용은 제약이 없었으나 여성만 제약을 받은 것처럼 생각하기도 쉽다. 그러나 조금만 더 들어가 보면 꼭 그렇지는 않다. 일단 남성이건 여성이건 문자를 읽고 쓰는 이들의 생활에는 한글이 기본적으로 깔려 있었다. 문자 학습의 시작을 한글과 함께했기 때문이다.

남성 엘리트의 문자 사용이 제약이 없었다고 전제하고 보는 것도 다시 생각해 볼 필요가 있다. 남성 엘리트에게는 한문이 열려 있었기 때문에 닫혔던 공간이 있었다. 외국어 작문이라 잘 쓰기 어렵다는 점은 기본이고, 한시 같은 운문은 물론 한문 산문 역시 모두 격식을 따지는 데다 타인에게 평가 대상이 되기 쉬웠기에 맘 편하게 쓰기 힘들었다. 이런 부담감은 자국의 문자를 쓰는 중국인이라고 다르진 않았다. 《을병연행록》을 남긴 홍대용은 중국에서 조금 지체가 있거나 배웠다 싶은 사람을 만나면 시문을 교류하거나 필담을 하려고 시도했다. 그러나 대부분의 중국 사람들은 도망가기 일쑤였다. 심지어 북경의 태학에 있는 학생도 도망가는 형편이었다. 자국의 문자인데도 이런 부담을 느끼는데 조선의 문인은 어떠했겠는가. 가장 위계 높은 문자 수단을 사용할 수 있기에 마음껏 글을 써도 될 것 같은 상층 남성 엘리트는 정작 자신의 감정과 정서를 제대로 표현할 수 있는 가장 손쉬운 문자 수단은 마음껏 사용할 수 없었다. 타인의 평가가 두렵고 언문 같은 암클을 쓰는 것은 수준이 떨어진다고 여겼기 때문이다.

여기에 더해 이 시대 조선 사회가 상당히 엄격한 '감정체제'를 지닌 사회였다는 점을 생각해 볼 필요가 있다. '감정체제'는 감정사 연구자인 윌리엄 레디가 제안한 용어다. 레디에 따르면 감정은 개인의 삶에서도 중요하지만 동시에 사회로부터 강력한 영향을 받으며 고도의 정치적 의미를 갖는다. 따라서 어떤 정치체제이든 안정성을 유지하기 위해 규범적인 감정 질서를 지녀야 하는데, 이를 감정체제라고 한다. 엄격한 감정체제에서는 개인들에게 정해진 감정을 표현하고, 일탈적인 감정은 피하도록 강제한다.

조선 사회의 사대부는 이런 엄격한 감정체제 속에서 살았다. 희노애락애오욕 칠정의 정도가 상황에 맞게 표출되어야 한다는 것을 중시한 사회였기 때문이다. 단순히 문자 수단의 문제만이 아니라 한문으로 자기 정서를 자유롭게 표현할 수 있다 해도 아무렇게나 표현해서는 안 되는 사회였다는 말이다. 조선 사회에서 한시는 상호 교류의 중요한 수단이었지만, 유흥이나 북돋는 것이라며 언제나 약간의 경멸 대상이었다는 것은 이런 억압을 잘 보여 준다.

윌리엄 레디는 사회가 이러한 감정체제를 지니고 있음에도, 다른 한편에서는 감정적 피난처를 제공한다고 했다. '감정 피난처'는 외부의 규범이 완화되거나 역전되고 심리를 통제해야 하는 필요성이 잠시나마 소멸되는 곳이다. 이런 감정 피난처는 기존의 감정체제를 뒷받침할 수도 있고 위협할 수도 있다고 보았다. 조선의 남성 사대부에게 한글이 펼쳐 주는 세계는 이러한 감정 피난처가 될 수 있었다.

그래서인지 조선의 상층 남성 엘리트는 사실상 여성들만큼 한글을 쓰면서도 안 쓰는 척, 쓸 때는 여러 가지 변명을 대곤 했다. 낙산거사 이항이 《오륜전전》을 윤색하고 번역하며 그랬던 것처럼 풍속의 교화에 도움이 될 것이라는 간판을 걸든지, 김만중이 《구운몽》을 지으며 그랬던 것처럼 어머니를 위한다는 효의 간판을 거는 것이 대표적이다. 특히 '소설을 좋아하는 어머니'의 존재는 수많은 조선의 사대부들이 '합법적으로' 소설을 읽거나 번역하거나 창작해도 되는 구실이었다. 이들의 어머니 핑계를 보노라면, 혹시 형편없는 소설을 효도랍시고 지어 오는 아들내미는 없었을까, 그런 아들을 둔 어머니는 어떤 기분이었을까 하는 상상도 해본다.

사대부들은 이도 저도 댈 핑계가 없으면 "늙어서" 혹은 "병들어" 누워 있을 때 너무 심심하여 소설을 보거나 지었다고 한다. 차마 머리랑 몸이 제대로였는데 소설을 보고 앉아 있었다는 소리는 못 하니 붙이는 변명들이다. 그래서인지 이들이 소설을 읽거

• [그림 24] 원손 시절 정조의 한글 편지
《정조어필한글편지첩》, 44.5×32cm. 5~8세 사이 원손 시절에 정조가 쓴 편지는 아직 한글 쓰기가 자리 잡히지 않은 것을 보여 주는데, 한글에 비해 한자는 훨씬 안정되게 쓰고 있어서 한글과 한자 연습 정도에 차이가 있음을 확인할 수 있다.
* 소장처: 국립한글박물관.

•• [그림 25] 세손 시절 정조의 한글 편지
《정조어필한글편지첩》, 44.5×32cm. 세손으로 책봉된 9세 이후에 쓴 한글 편지는 훨씬 안정된 필치를 보여 준다.
* 소장처: 국립한글박물관.

샹풍의
긔후평안ᄒᆞ
옵신문안아옵ᄀ제
바라오ᄅᆡ와ᄂ다오
래옵ᄉ입ᄀ
소와ᄒᆞ오며ᄂ고어
제봉셔보옵고
든그반갑ᄉ와
ᄒᆞ오며
한아바님ᄭᅴ올ᄉᆡ
평안ᄒᆞ오심ᄃᄒᆞ
온니깃브와
다ᄒᆞ옵ᄂᆡ

叔主前

元孫

일긔구한ᄒᆞ오니
긔운평안ᄒᆞ오신문 안아옵고쳐ᄇ
옵며 오래봉셔돗못ᄒᆞ옵ᄉ입ᄂᆡ이
디써입더니 돌아져드런오
옵든는ᄒᆞ옵ᄆᄃ드러 옥쉽
지아니ᄒᆞ오 ᄂ일나가릭ᄒᆞ
옥 온는 나오라 숨여겨오사
다ᄒᆞ오ᄆ단ᄀ이 못이실자ᄒᆞ 호로
ᄂ 한아바님긔인마님일
보내 오셧부라 오며 슈비 놋
돌너오ᄂᆡ 후일부틔 낫ᄀ거
든ᄃ여 보녧오쇼셔

世孫

나 들을 때면 거의 자세가 흐트러진다. 온몸을 긴장하고 각을 잡고 읽어야 하는 경전과는 다르게, 소설은 반쯤 누워서 보거나 듣고, 손에 아무렇게나 들고 보았다. 이러한 소설에는 한글도, 한문도 있었기에 꼭 한글만이 감정 피난처가 된 것은 아니다. 감정 피난처 중 하나였다는 것이다.

그래서일까. 18세기 정동유 같은 이는 유희에게 이렇게 언문의 장점을 인정하기도 했다.

한문은 간결하면서도 오묘한 것을 존중하여 내용을 잘못 알아보기 쉬우나, 언문으로 왕복하면 조금도 의심할 점이 없으니 부녀자나 할 학문이라고 소홀히 해서는 안 된다(유희, 《언문지》 서).

한문 글쓰기의 압축성, 모호성 때문에 늘 존재할 수밖에 없는 오해의 가능성에 지친 사대부들의 마음이 느껴지지 않는가? 정동유 외에도 이 무렵에는 언문의 장점을 인정한 남성 엘리트가 꽤 있었다. 심지어 음과 양이 커지고 작아지는 시대의 리듬을 거론하며 미래는 음에 해당하는 언문의 시대가 될 것이라고 예측한 이도 있었다. 18세기 후반을 살아간 이규상이 한 얘기다.

상층 엘리트를 중심으로 볼 때 남성과 여성의 문자생활은 달랐다. 그런 측면에서 조선 시대의 문자생활은 젠더화되어 있었다. 그러나 그 다름은 '남성의 한문 사용', '여성의 한글 사용' 같은 구도가 아니라, 다 같이 한글을 쓰더라도 그에 대한 태도와 방식이 달랐다는 것으로 이해해야 한다.

여성, 불멸을 꿈꾸며 소리치다

상층 남성 엘리트가 한글에서 감정 피난처를 찾았다면 여성은 한글을 통해 자신을 공식적으로 표현할 수 있는 수단을 얻었다. 여성은 지나치게 배워서는 안 되지만 배운 게 너무 없어도 안 된다고 보는 사회적 분위기 속에서 한글은 그 미묘한 자리를 채워 줄 수 있는 수단이었기 때문이다.

훈민정음 창제 직후부터 왕실 여성들이 언문으로 의사를 전달하기 시작했다. 그러다 성종 대 처음으로 수렴청정이 행해지면서 대비가 승정원 등에 한글 문서를 내리기에 이르렀다. 왕실 여성의 목소리가 문자화되어 공식 행정기구에 접수된 것이다. 이렇게 문자화된 왕실 여성의 발언은 신료에게 제시가 되며 국왕이 고민하고 있는 정치적 문제에 힘을 실어 주기도 했다. 성종 대 도첩제 폐지 문제에 여러 차례 언문으로 자신들의 의사를 표현한 소혜왕후(성종의 어머니)와 안순왕후(예종 비)나, 도성을 떠나겠다고 나선 송시열에게 숙종의 어머니 명성왕후가 친히 언문 편지를 보내어 만류한 것이 대표적이라고 하겠다. 왕실 여성의 언문 교지나 편지는 매우 절묘한 위치를 점했다. 한국어학자 이전경의 지적처럼 한문 문식력이 상당하다 할지라도 일부러 등급이 낮은 문자를 사용하여, 고도의 정치적 행위를 하고 있지만 권력에 대한 의지는 없음을 보일 수 있었기 때문이다. 정치 행위에 간여하면서도 권력에 대한 의지가 없음을 보이는 전략은 긍정적이건 부정적이건 정치의 장에 일종의 회색 지대를 열어 놓을 수 있지 않았을까?

왕실 여성의 공적 발언은 언문을 통해 일찍부터 형상화가 되었지만 일반 여성의 언문 상언이나 소지(관청에 올리는 소장이나 청원서) 등은 공적으로 바로 받아들여지지 않았다. 사실 이 점도 훈민정음 사용의 역사에서 흥미로운 부분이다. 주변국의 문자들이 주로 사람들이 어려워하는 공문서를 번역하는 데 사용된 것에 비해 훈민정음은 그러한 목적으로는 자리 잡지 않았기 때문이다. 그럼에도 억울함이나 원통함을 호소하는 여성들의 언문 상언과 소지는 계속되며, 17세기경부터는 공식적으로 받아들이진 않는다 해도 크게 문제 삼지 않는 분위기가 되었다. 여기에서 궁금해지는 지점이 있다. 여성들은 남에게 부탁하여 한문이나 이두문으로 문서를 갖추어 제출해도 되었을 것인데, 왜 굳이 안 받아들여질 위험성을 감수하며 언문으로 상언이나 소지를 올렸는가 하는 점이다.

특히 양반가 여성은 직접 언문 상언이나 소지를 작성한 경우가 많았고, 자신이 직접 쓴 것이라는 점을 강조하는 경우도 많았다. 양반가 여성의 법적 분쟁은 입후入後(양자를 들임)나 상속 문제 같은 것이 많았으므로, 이때 한글로 직접 작성한 소지나 상언은 당사자성을 분명하게 드러내는 효과를 가졌다. 다른 친척 누군가의 사주에 의한 분쟁이 아니라 원통함을 풀기 위해 자신이 직접 나선 것이라는 효과 말이다. 남이 대신 써 주는 한글 상언이나 소지도 있었다. 그러나 그런 경우라 하더라도 한글로 이런 문서가 올라오면 여성 당사자의 목소리를 담았다는 느낌이 확연해졌을 것이다. 여성들은 그 효과를 적극적으로 이용하여 자신의 권리를 찾고, 자신의 욕망을 실현하기 위해 한글을 이용했다.

이이명의 부인 김씨(김만중의 딸)는 영조에게 직접 올린 상언을 통해 경종 대 신임사화*로 죽은 자신의 남편과 자손의 문제를 적극적으로 변호했다. 사건은 이렇다. 신임사화로 하나뿐인 손자가 노비가 될 처지가 되자, 김씨 부인은 비슷한 또래의 남자 종을 대신 죽게 하고 손자를 도피시켰다. 영조가 즉위하자 이 사건을 고백하고 선처를 구한 것이다.

조선 시대 여성들의 법적 발언을 검토한 김지수는 김씨 부인의 상언을 분석하며 당대 정치적으로 지극히 민감한 사건과 큰 법적 문제가 될 수 있는 일을 언급하면서도 전략적으로 한글을 사용함으로써 자신의 여성성을 강조하고 붕당의 대립을 피해 갈 수 있었다고 평가했다.

---

* 1721년(경종 1)~1722년(경종 2)에 걸쳐 일어난 사화. 신축년과 임인년에 일어났으므로 신임사화라 한다. 왕위계승을 두고 연잉군(영조)를 지지하며 왕세제 책봉과 대리청정을 밀어붙인 노론이 소론에 의해 역모로 몰리며 숙청당한 사건이다. 이이명은 이때 숙청된 노론 4대신 중 하나이다.

그녀의 전략은 무엇이었을까? 김씨 상언의 한 단락을 보자(현대어로 의역하며 약간 축약했다).

제가 자부와 손부와 함께 먼저 죽으려고 하였으나 홀연 다시 생각하니 남편의 충성이 가히 영원할 것이며 …… 몸이 이미 (죽음을) 면치 못하였고 또한 자식을 보전치 못하였사오니 하늘이 또한 차마 손자를 죽이리오(이이명의 처, 김씨 부인 1차 상언).

김씨는 절절한 한글의 문투를 통해 늙고 외로운 부녀자라는 약자성을 드러내며 정서적 공감을 이끌어 낼 뿐만 아니라 법적 책임을 피하고 있다. 그러면서도 남편의 충성과 거역할 수 없는 하늘의 도를 언급하며 손자를 살리는 일의 정당성을 설파한다. 손자를 도망시킨 것이 국법에 순종하지 않은 것이기는 하지만 성리학 사회의 근본적 가치(충과 효)에는 전혀 어긋나지 않는다는, 아주 정밀하게 계산된 상언이다.

김씨 부인의 1차 상언은 《영조실록》에도 한문으로 번역되어 그 대략이 실려 있다(권6, 영조 1년 5월 9일(병오)). 그러나 실록에는 대체적인 내용 줄기만 실려 있을 뿐, 한글 상언에서 꽤 분량 있게 서술된 남편의 충정과 이에 대한 숙종의 평가, 남편이 죽을 때의 절절한 광경이 묘사된 부분 등이 생략되어 있다. 이 부분은 서두이기는 하지만 글의 전체 분위기를 이끌고 중심 논리에 기여하고 있기 때문에 결코 중요도가 덜하지 않다. 더구나 이 모든 내용이 '늙고 힘 없는 여성이 올리는 한글 상언'으로 되었다는 것 자체가 이 전략의 핵심이다. 여기에서도 다시금 한문 자료만 봐서는 알 수 없는 또 하나의 현실이 있는 것이다.

이렇게 정교하게 짜인 것으로 볼 때 아마도 김씨 부인이 혼자서 이 글을 쓰진 않았을 것이다(실제 손자 이봉상을 도망시키는 데 주된 역할을 한 사람은 김씨 부인의 딸이었다). 집안 식구들이 모두 모여 그 논리와 문구를 구성하고 당사자를 김씨 부인으로 정하는 등의 회의 광경이 상상이 되는데, 이때 그 문자와 형식을 한글 상언으로 하기로 한 선택의 정치성을 충분히 음미할 필요가 있다. 한문학자 황수연은 김씨 부인의 1차 상언이 이재의 《삼관기》에 실려 있다는 점을 지적했다. 이 책은 주로 노론의 정치적 활동과 당쟁에 얽힌 이야기가 중심 내용으로, 국문본도 전하는데 아마도 노론 집안의 여성이 읽었을 것이라고 보았다. 김씨 부인의 상언을 읽은 노론 여성들은 자신의 젠더를 활용하여 정치적 전략을 세우는 데 참고하지 않았을까? 이런 양상을 단지 일부 여성이 정치에 참여했다는 정도로만 해석하는 것은 협소한 시각이다. 그보다는 이 시기의 정치가 여성의 정치 참여를 포함하여 구동되고 있었다는 점을 인지해야 한다.

여성의 전략은 그렇다 쳐도, 관에서는 어이하여 결국 이러한 언문 상언과 소지 등을 받아들이게 되었을까? 국가에서는 언문으로 작성된 문서 등은 인정하지 않는다는 원칙을 여러 차례 천명했는데도 여성들은 법적 공간에서 언문을 통해 자신들의 의견을 표시했고 나중에는 결국 어느 정도 받아들여지는 분위기가 되었다. 이는 언문이 '진정성'을 드러내는 가장 좋은 수단이라는 장점 때문이었다. 인간이 갖는 진실된 감정을 존중해야 하며 시시비비를 분명히 가리는 것이 의롭다고 보는 성리학적 가치관에서 그 감정을 그대로 드러낼 수 있는 한글의 세계는 무시할 수가 없었다. "여자가 한을 품으면 오뉴월에도 서리가 내린다"는 속담은 시시비비가 왜곡되어 여성이 원통한 처지에 놓였을 때 음양의 조화가 이지러진다는 의미이다. 음양의 조화가 이지러지는 것은 조선인들이 가장 두려워하던 자연의 상태다. 원통함이라는 진실한 감정을 외면할 수 없다고 보는 사회적 배경에서 여성들은 적극적으로 언문을 사용하며 그 공적 영역을 확장해 갔다.

한편 문자 수단은 여성들에게 새로운 열망을 불러일으켰다. 불멸의 욕망이다. 과연 문자가 새로운 욕망을 불러일으킬 수 있을까? 예전에 우연히 70대에 들어서 문맹에서 탈출한 두 할머니를 인터뷰하는 예능프로그램을 본 적이 있었다. 거기에서 진행자가 두 할머니께 "이제 글을 배우셨으니, 뭘 하고 싶으신가요?"라고 물었다. 이미 자신의 레시피를 정리해서 책으로 낸 할머니는 글 모르는 사람에게 베풀며 살고 싶다 하셨고 다른 할머니는 야심만만하게 지역 정치 활동을 하고 싶어 하셨다. 인간의 욕망 중에는 어떤 조건이 충족되어야 발동하는 것도 있다.

조선에서 여성의 문식력은 전혀 높이 평가되지 않았다. 설혹 한문을 잘하고 경전을 외우고 있다 하더라도 사대부가 여성이라면 그런 것을 자랑하듯 드러내서는 안 되었다. 송시열의 고모 숙인 송씨는 어릴 때 다른 형제들 옆에서 어깨너머로 배운 실력으로 경사에 널리 통했고 글 짓는 법도 알았다. 아흔의 나이에도 손주가 《서경》을 읽을 때 문구를 빠뜨린 걸 알아채고는 제대로 전체 구절을 외워서 불러줄 수 있는 똑똑한 여성이었다. 그러나 평소에는 이를 잘 드러내지 않았기에 남들은 이 사실을 잘 몰랐다. 사대부가 여성 중에는 송시열의 고모처럼 웬만한 경전도 다 읽고 글짓기도 다 하면서도 남들에게 드러내지 않는 경우가 꽤 있었다.

이러한 사회적 압력에도 여성들은 자기 글을 남기려는 욕망을 지우지 못했다. 아주 극히 일부기는 하지만 허난설헌이나 임윤지당, 강정일당처럼 문집을 남기기도 했다. 한문 문집이 아니더라도 호연재 김씨처럼 한글로 기록한 한시집을 남기기도 했다. 그녀는 남편의 과시科詩(과거시험 때 짓는 시)를 보고서 잘못된 구절을 짚으며 "이 시가 합격될는지 나는 알지 못하겠다"고 말했다고 한다. 요즘 식으로 말하자면 "이딴 것도 시라고 썼냐" 정도의 비판이다. 혹은 실용서나 여성이 지켜야 할 교훈 등을 모은 규훈서를 남김으로써 사회에서 요구하는 바람직한 여성상의 틀 안에서 자신의 욕망을 충족시켰다.

글이 아니라 필적을 보존할 수도 있었다. 한글 필사본을 연구한 이지영은 《옥원전해》의 속표지나 가사집에 시어머니 혹은 증조할머니의 필적이 있다며 이를 소중히 여기는 후손들의 글이 있

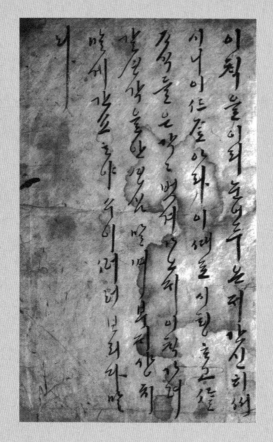

[그림 26] 《음식디미방》 뒤표지 내면 후기
"이 책을 이리 눈 어두운데 간신히 썼으니
이 뜻을 알아서 이대로 시행하고, 딸자식들은 각각 베껴서 가되,
이 책을 가져갈 생각을 하지 않도록 명심하고, 부디 상하지 않게 간수하여,
쉽게 떨어져 버리지 말게 하여라."
* 소장처: 경북대학교도서관.

다고 했다. 《음식디미방》의 필사자는 늙어서 눈이 어두워 필사하는 데 어려움이 있다고 하면서도 다른 이에게 필사를 맡기지 않았다. 자기 필적을 후손에게 남기고 싶었기 때문이다. 고소설 역시 마찬가지였다. 영남 사대부 집안 여성이 조상의 필적이 담긴 고소설을 필사하는 것은 단지 작품 감상의 차원을 넘어서 그 필적을 간직하고 기념하려는 의식이 강렬했기 때문이었다. 불행히 그런 필적을 얻지 못할 땐 비슷한 글씨를 얻는 것도 괜찮았다. 송시열의 고모는 조카딸의 한글 편지를 소중히 간직했는데, 자신의 어머니 이씨와 조카의 필적이 닮았기 때문이었다.

이러저러한 수단이 다 마땅치 않은 경우에는 다른 사람의 손을 빌려서라도 자신의 흔적을 남기고 싶었다. 김창협의 딸은 자기 아버지의 묘지명을 얻은 여성 친척을 보며 이런 말을 했다.

이 사람은 그래도 우리 아버지의 문장을 얻어 그 이름이 영원히 전해질 것이니, 죽음이 불행하진 않겠습니다.

그러면서 남편에게는 이렇게 이야기했다고 한다.

나는 여자라 한스럽게도 세상에 드러난 공덕이 없으니, 차라리 일찍 죽어서 우리 아버지의 몇 줄 글을 얻어 묘석에 새겼으면 좋겠네요(《농암집》 권27, 망녀오씨부묘지명).

애절하다. 문자로 자신의 흔적을 남기고 싶어 하는 이 갈망이.

문자를 매개로 한 불멸에 대한 인식은 자신의 계보에 대한 적극적인 인식과 현창에도 영향을 준다. 송시열의 고모는 고려 말의 여성 조상, 사실상 송씨 가문의 회덕 입향조에 대한 전승을 전해 주었다.

> 도사공(송시열의 할아버지)의 7대조 할머니 유씨는 고려 말엽에 일찍 홀로되었는데, 그의 부모가 재가를 시키려 했다. 유씨가 어린 아들을 등에 업고 송경으로부터 뛰쳐나와 걸어서 회덕에 이르러 시부모에게 의탁하여 살았는데, 그러한 사적 중에 매우 뛰어난 점이 있었다. 숙인(송시열의 고모)이 어렸을 때 도사공의 일기에서 이 사적을 한 번 보았는데, 효종 때 우리 가문 사람들이 유씨의 행장을 들어 정표해 주기를 청할 적에, 그 무덤 비석에 기재된 것은 너무 소략하였지만, 숙인이 그 일기에 기록된 사적을 매우 자세하게 외웠기 때문에 우리 종중에서 자세하게 채록하여 임금님께서 보실 수 있게 했다. 이리하여 마침내 홍살문을 세우는 은전을 입었으므로, 듣는 자가 모두 숙인을 가상히 여겨 감탄하였다(《송자대전》 권215, 고모 숙인송씨전).

송시열의 고모는 아버지 일기에서 딱 한 번 본 시조 할머니의 이야기를 줄줄이 외우고 있었다. 총명해서 가능했겠지만, 2백 년도 넘은 옛날 할머니의 사적을 자신의 역사와 계보로 적극적으로 받아들이는 자세가 있었기에 가능한 것이다.

내 친할머니는 시집오실 때 당신 족보를 가지고 오셨다. 예전엔 결혼을 하면 족보에 딸 이름 대신 사위 이름이 올라갔다. 할머니는 당신 이름이 들어간 마지막이자 유일한 버전의 족보를 갖고 오신 것이었다. 계보에 대한 기억은 불멸하고 싶은 욕망의 또 다른 얼굴이다.

조선 후기의 여성 문화에는 굉장히 상반된 흐름이 공존하고 있다. 어떤 여성들은 집안 재산을 탕진하며 소설을 보느라 정신이 없고, 어떤 여성들은 그런 여성들을 못마땅해하며 여성 규훈서를 지었다. 임윤지당처럼 여자도 성인군자가 될 수 있다며 성리의 철학을 파고드는 여성들이 있었는가 하면 중인 집안의 함양 박씨 같이 죽을 필요가 없는데 굳이 죽을 자리를 찾아가 열녀가 되겠다며 자살을 서슴지 않는 여성들도 있었다. 그런 반면에 이순이처럼 하나님을 믿는 '천주쟁이' 여성들은 형장의 이슬로 사라져 가면서도 자신들의 신앙을 포기하지 않았다. 이런 모든 흐름은 제각기 격렬하여 이 시대 여성들의 모습이 가닥 없이 혼란하기 그지없어 보인다. 그렇지만 한 발 뒤로 물러나 큰 틀에서 보면 이 시기 여성들에게 위대한 어떤 세계의 일원이 되고 싶은 욕망이 부글부글 끓고 있었다는 공통점이 보인다. 소설을 읽으며 가상의 세계에 푹 빠지거나, 사회의 지배이념에 적극적으로 동조하며 그 이념에서 말하는 가장 훌륭한 인간형이 되고 싶어 하는 것, 새로운 이념에서 자신이 설 곳을 새롭게 찾아가려는 것, 이 모든 것은 결국 이 시대 여성들이 자기 주체를 형성하고 위대해지려고 한 욕망을 보여 준다. 이런 시기 억압의 구조만을 강조하는 것은 여성들의 주체성을 너무 무시하는 것이다. 여성들은 그만큼 성장했고 목소리를 냈으며 더 큰 꿈을 꾸었고, 적절한 때가 왔을 때 폭발할 것이었다.

이렇게 직간접적으로 전해지는 조선 여성의 목소리를 듣다 보면, 새삼스레 고려 여인들의 목소리가 궁금하다. 고려 여인들이 사찰의 불사를 후원하며 넣은 발원문에서는 조금이나마 그들의 소망을 엿볼 수 있다. 가족의 안녕을 기원하면서 종종 "다음 생에는 남자로 태어나고 싶다"고 소망한 것을. 전근대 시기 여성들이 이러한 소망을 갖는 것은 보편적이고 흔한 것일까? 그렇게 볼 수

[그림 27] 〈주성미타복장입안발원문鑄成彌陀腹藏入安發願文〉
44.6×103.7cm. 1302년에 창녕군 부인이 서산 문수사 금동여래좌상에 넣은 복장유물이다. "서원하건대 인간의 생을 잃지 않고 중국의 바른 믿음을 가진 집안에 태어나서 남자의 몸을 얻게 해주소서"라고 적었다. * 소장처: 온양민속박물관.

는 없다. 일단 환생과 윤회에 대한 사고가 이 발원의 근간을 이루고 있기에 윤회를 믿지 않는 사고에서는 가능하지 않기 때문이다. 고려 여성이 다음 생에 남자로 태어나고 싶다고 생각한 것은 남자의 몸이어야 성불할 수 있다고 보았기 때문이다. 여자로 태어나는 것 자체가 제대로 정진하지 않은 과보요, 성불을 하려면 남자의 몸으로 바뀌어야 가능하다고 생각한 세계관 속에서 살아간 것이다. 그런 점에서 본다면 고려의 여성은 여성이라는 것 자체가 존재적으로 열등하다는 가스라이팅을 끊임없이 받은 셈이다.

그러나 이는 신라 시대에 비하면 큰 변화를 이룬 것이기도 했다. 신라 시대에는 여성이 다섯 가지 문제가 있어서 부처가 될 수 없다는 설이 중심이었고 극락에 왕생한다는 것도 그저 사후세계로만 여기는 정도였다. 그에 비하면 어쨌거나 고려 시대에는 여성이 성불할 수 있는 가능성이 열린 셈이다.

한편 불멸을 꿈꾸는 고려 시대 여성도 있었다. 12세기 고려 중기를 살아간 최루백의 처 염경애는 "자못 문자를 알아 대의에 밝았다." 그녀는 남편 최루백에게 이런 말을 했다.

설사 불행하게도 뒷날 내가 천한 목숨을 거두게 되고, 그대는 후한 녹봉을 받아 모든 일이 뜻대로 되게 되더라도, 제가 재주 없었다고 하지 마시고 가난을 막던 일은 잊지 말아 주세요 (염경애 묘지명).

자기가 죽은 후에도 잊지 말아 달라고 부탁한 염경애의 바람 때문이었을까. 최루백은 묘지명을 남김으로써 아내를 영원히 살 수 있게 해주었다.

고려 여인들은 어떻게 공적으로 목소리를 낼 수 있었을까? 자기 문자를 가지고 있지 않았던 여성들이 분명한 계보의식을 지니고 있었을까? 불교적 내세관을 믿은 여성들은 자신의 불멸을 희망했을까, 아니면 새로운 내생만을 꿈꾸었을까? 여러 의문이 꼬리에 꼬리를 물고 일어나지만 자료가 충분치 않은 만큼 온전한 해답을 찾기는 쉽지 않을 것이다. 그러나 이러한 의문을 마음 한켠 품는 것을 잊지 않는다면 적어도 이 시기를 납작하게 상상하는 우를 범하진 않게 될 것이다.

언문, 가족의 일상과 관계를 바꾸다

1930년대까지도 문맹률은 90퍼센트에 가까운 상태였다. 그러나 적어도 가족 중 한글 해독자가 있는 가구는 전체 가구의 33~35퍼센트 정도로 추정된다고 한다. 이런 점을 보면 한글 해독자가 한 명이라도 있는 가구에서는 그 해독자를 중심으로 소설이나 여러 한글로 된 글이 구연되거나, 마을에서도 누군가 재밌는 소설을 구해 왔다 치면 다들 그 집에 모여 소설을 들으며 즐겼을 것을 상상할 수 있다. 소설가 한설야는 1915~1917년 사이 딱지본 신소설을 들으러 모인 사람들의 풍경을 이렇게 묘사한 적 있다.

> 거기에는 허줄한 사나이가 가스등을 앞에 놓고 앉아 있으며,
> 그 사나이는 무슨 책을 펴들고 고래고래 소리 높여 읽고 있었
> 다. 울긋불긋 악물스러운 빛깔로 그려진 서툰 그림을 그린 표
> 지 우에 '신소설'이라 박혀 있고 그 아래에 소설 제명이 보다
> 큰 글자로 박혀 있었다. 그 사나이는 이 소설을 팔러 나온 것이
> 며 그리하여 밤마다 목청을 뽑아가며 신소설을 낭송하고 있는
> 것이었다. 그리고 그 사나이의 주위에는 허줄하게 차린 사람
> 들이 언제나 삥 둘러서 있었다(한설야,《나의 인간수업, 작가수업》).

라디오가 대중화되기 전인 1960년대 초반까지도 한겨울 농한
기면 마을 사람들이 지정된 사랑방에 모여 목청 좋은 이가 읽어
주는 딱지본 고소설을 들었다 하는데, 그 모습은 위의 묘사와 그
렇게 다르지 않았을 것이다.

조선 후기 소설과 관련한 사료에서도 흔히 볼 수 있는 이야기
가 이런 것이다.

> 긴 밤과 한가한 아침에 노친을 모시고 병든 처와 며느리, 딸
> 을 거느려 한 번 보고 두 번 읽어 그 강개하고 상쾌한 곳에 다
> 다라서는 서로 일컬어 감탄하고 그 웃기는 부분에 다다라서
> 는 또한 일장 폭소하면 이 유용하다 할 것이니 (소설이) 어찌

무용하다 하리오(《제일기언》 서문).

이는 지은이가 《경화록》이라는 중국 소설을 언문으로 번역하고 쓴 서문으로, 남성이 자신들의 여성 가족들과 즐기기 위해 한문 소설을 번역했음을 보여 준다. 어떤 본의 《사씨남정기》 번역자는 소일거리가 없어 소설 책을 읽으려는 누나의 청에 못 이겨 번역하기도 했다.

이렇게 사대부가에서는 문자 넘나들기를 통해 남성과 여성이 함께하는 자리가 만들어졌다. 어떤 때는 심심한 아버지가 한문 소설을 번역해서 불러주면 딸이 이를 옮겨 적어 한글본을 만들기도 하고, 어떤 때는 부부간에 합작이 이루어지기도 했다. 이는 왕실에서도 있었던 일이다. 효종이 한문본 《삼국지연의》를 보며 우

• [그림 28] 효종의 한글 편지

《숙명신한첩》, 21×29cm.

효종이 왕실에 들어오지 못한 숙명공주에게 보낸 편지.

"죄지은 것이야 무슨 다른 죄를 지었겠느냐? (숙명이 네가) 이번에 아니 들어온 죄인가 싶다. 이렇게 들어오지 못한 죄를 지은 것은 전부 네 남편인 심철동의 죄니 보채고 싸워라."

* 소장처: 국립청주박물관.

•• [그림 29] 인선왕후의 한글 편지

《숙명신한첩》, 21×29cm. 효종비인 인선왕후의 글씨.

* 소장처: 국립청주박물관.

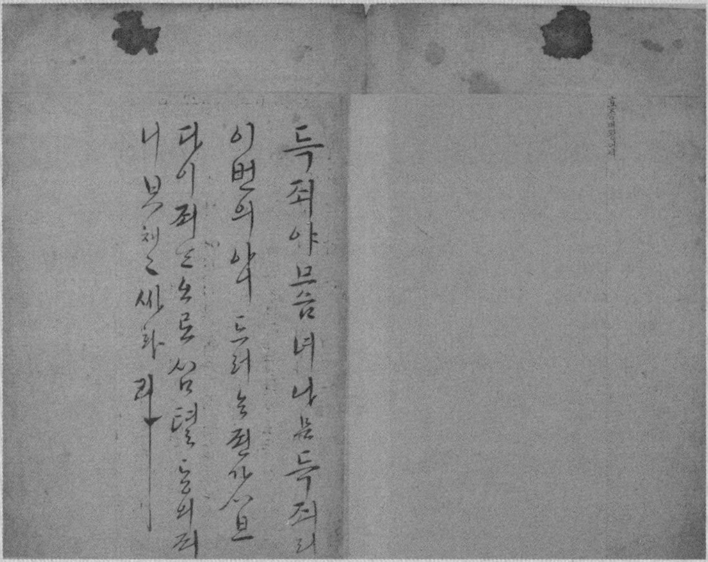

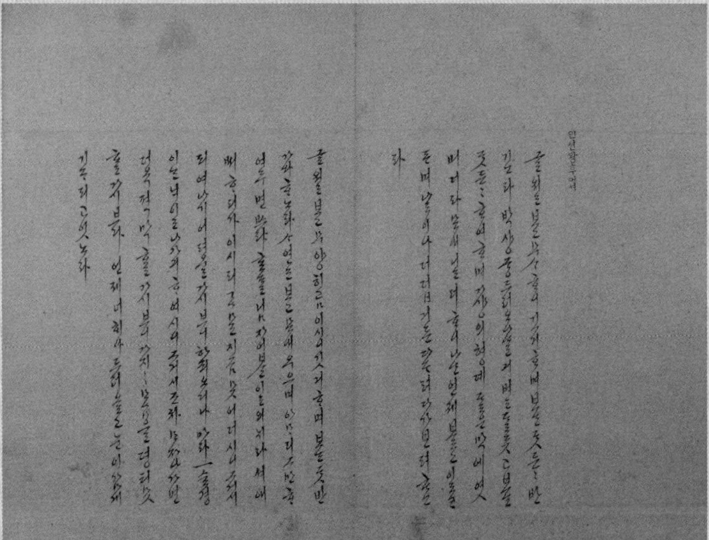

득죄야 ᄆᆞ음 너 나는 득죄러
이런의 악ᄋᆞ ᄃᆞ러 ᄒᆞ쳥갓십
다가 쳐ᄂᆞ로 심졍ᄋᆞ의 쳐
너 밧쳐ᄉᆞ셰하 라ᅳ

리말로 구술하자 인선왕후가 이를 언문으로 받아써 《언서 삼국지연의》를 완성했다. 남편과 아내, 아버지와 딸이 공동작업을 하는 일이 드물지 않았던 것이다.

여성에게 언문이라는 수단이 열리자 많은 남성이 자신의 여성 가족을 위하여 여러 가지 교훈서를 번역하거나 필사해서 주곤 했다. 혹은 좀 더 고상하게 경전을 발췌, 언해해서 주기도 했다. 정조는 어머니 혜경궁 홍씨를 위해 《시경》에서 발췌하여 언해한 《모시백선》을 편찬했는데, 다른 이들과 조금 차별화되는 지점이라면 임금의 지위를 이용해(?) 신하들에게 언해를 시켰다는 점 정도였다. 남성 사대부가 이렇게 여성 가족을 위한 글짓기에 나설 수 있었던 것은 이것이 해도 괜찮은 영역이었기 때문이다.

일단 가르침의 길이 열리면 배우려는 욕망뿐만 아니라 가르치려는 욕망 역시 꿈틀대기 마련이다. 우리는 흔히 배우려는 욕망만 주목하곤 하지만 가르치는 마음 역시 인간의 오랜 욕망이다. 오죽하면 똑똑한 애 가르치는 게 군자의 세 가지 즐거움에 들겠는가. 비록 여성들은 "잘하는 것도 잘 못하는 것도 없는 상태"가 가장 이상적이고 "괜히 공부 가르쳐 봤자 건방져지기만 한다"는 시선이 대세인 시기였지만, 똑똑하고 학습 의욕이 높은 자식에게 제대로 된 공부를 가르치고 싶은 아버지의 욕망 역시 인지상정이다. 김창협은 죽은 딸을 회상하며 이렇게 이야기했다.

처음에 동생 숭겸과 함께 십수 장 글을 배우더니 문리를 곧장

통달하여 혼자서 《주자강목》을 막힘없이 읽어냈다. 매일 문을 닫고 책을 펼쳐 들고 꼼짝도 않은 채 침잠해 익히니, 밥 먹고 자는 것조차 돌보지 않을 정도였다. 내가 이를 어여쁘고 기특하게 여겨 막지 않고서, "이 아이의 성정이 고요하고 순박하니 비록 글을 안다 해도 해가 없을 것이다" 하였다(《농암집》권27, 망녀오씨부묘지명).

김창협은 아직 어린 아들 대신 이 똑똑한 딸을 가르치며 말벗을 삼아 답답한 영평의 은거생활을 견뎠다. 이런 딸이 아들로 태어나지 않은 것, 더구나 서녀이기라도 하면 더욱 안타까울 수밖에 없다. 송시열은 자신의 서녀에 대해 이렇게 회상했다.

네 스스로 하기를 그치지 않아서 문리를 이미 깨우치더니 《소학》을 즐겨 읽으며 그 아름다운 말과 착한 행동을 좋아하더구나. 때때로 내가 그 속뜻을 물어보면 환하게 대답하여 나는 너를 앞에 두고 "네가 남자로 태어나지 못한 것이 안타깝구나"라고 하며 탄식하곤 했다(《송자대전》권 153, 제문 제서녀민씨부문).

이러한 글들은 비록 사대부가의 사례에 그치는 것이긴 하지만 학습과 독서를 공유하며 아버지와 딸 사이의 친밀감이 매우 짙어진 것을 보여 준다. 송시열의 할아버지 역시 하룻밤에 2,000자짜리 글을 외우는 일곱 살 난 자신의 딸(송시열의 고모 숙인 송씨)을 보며 남자로 태어났다면 얼마나 좋았을까 하고 탄식했다.

18세기의 여성 문인인 강정일당은 외조부와 부모에게 사서삼경을 배워 학문에 조예를 갖췄다. 시어머니 지일당과 시문 화답을 한 그녀는 남편에게 의뢰가 들어온 글을 대신 짓기도 했고 그와 편지로 학문을 논하기도 했다. 후에 남편은 그녀의 문집을 만들어 주기 위해 열심이었는데, 이는 몰락한 자기 가문을 어떻게 해서라도 드러내고 싶은 남편의 욕망 때문이기는 했겠으나 시문을 통해 아내와 남편이 깊이 교류했기 때문에 가능한 것이기도 했다.

한문까지는 아니더라도 부부 사이에 언문 편지를 주고받는 일도 흔했다. 사위가 장모에게, 아버지가 딸에게 보낸 언문 편지도 드물지 않다. 물론 박지원처럼 언문 글자는 평생 알지 못하여 50년 해로한 아내에게도 편지 한 자 써 주지 못했다고 한 인물도 있다. 박지원은 아들을 시켜 고모(즉 박지원의 누이)에게 언문으로 편지를 보내는데, 아들 역시 언문을 쓰지 못할 것이니 딸을 시켜 써서 보내라고 했다. 이 얼마나 복잡한 일인가? 자기 누이에게 편지를 보내야 하는데, 자기는 언문을 쓸 줄 몰라 아들에게 시키고 아들도 쓸 줄 모를 것이니 딸에게 시키라고 이중의 명령을 내리는 것이다. 박지원과 아들 둘 중 하나만 언문을 쓸 줄 알았어도 몇 단계는 줄일 수 있는 일이었다. 언문을 쓰지 않은 것은 정약용 역시 마찬가지다. 아들과 주고받은 편지는 그렇게 많지만, 딸이나 아내와 주고받은 언문 편지는 전하지 않는다. 아마도 이런 사례가 도리어 희소했을 것이다. 언문을 익히고 한문을 공부하면 훨씬 쉽고 가족들과도 직접 문안 편지를 주고받을 수 있는데, 굳이 하지 않을 이유가 어디 있는가. 그런 면에서 박지원의 언설은 여러모로 의심스럽다. 언제고 할 수 있는 언문 공부를 하지 않았다는 것도, 여성 가족과 직접 편지를 교류할 기회를 스스로 차단했다는 점도 여러 의문을 불러일으킨다. 임금도 자기 가족과 스스럼없이 언문 편지를 주고받는 마당에 왜 이들은 스스로의 언문 쓰기를 차단해 버린 것일까? 이 결벽증적 태도가 나타내는 정신은 무엇인가 하는 의문 말이다.

여성들에게는 언문이 허락되며 여성만의 문화가 강화되기도 했다. 새로 시집온 어린 며느리는 시할머니, 시어머니 앞에서 밤늦도록 소설을 읽어야 하는 일이 허다했다. 혹은 어디선가 빌려온 재미있다는 소설이나 가사를 여성 친족들이 나누어서 베끼기도 했다. 어머니가 보던 소설, 어머니가 남긴 실용서, 시집갈 때 함께 보내주는 교훈서 등이 자녀와 친족들에게 공유되기도 했다. 문자 기록의 보존성 덕에 여성들의 기억과 친족의식이 단단해질 수 있었던 것이다. 이런 사례로는 영남 지역의 내방가사도 들 수 있다. 영남 지역에서는 내방가사가 엄청 유행해서 가사를 지을 줄 모르면 수치로 여겼을 정도였다. 내방가사는 통혼권에 따라 유통되면서 지체를 구분하는 징표 역할을 했는데, 여성들은 가사를 지은 이를 일일이 구분하고, 자신의 친정과 시집의 내력을 읊으며 친족의식 및 계급의식을 공고히 했다.

이러한 여러 모습을 보노라면 이 시대 가족의 일상이 눈에 그

[그림 30] 〈자리 짜기〉
김홍도, 《단원풍속도첩》, 28×23.9cm.
아버지는 자리를 짜고 어머니는 물레질을 한다. 거기에 등을 돌려 앉은 아이는
책 읽기에 열중이다. 남자와 여자가 각기 자신의 직분에 맞는 일을 하고 있고,
아이는 책을 읽는다. 바지를 벗기고 더벅머리로 표현한 걸 보면 어린 남자아이인 듯하다.
이는 실제 조선인의 삶이라기보다는 조선인이 이상으로 삼은 가족의 모습이다.
* 소장처: 국립중앙박물관.

려지는 듯하다. 소설 낭독회나 번역을 통해 자연스럽게 집안의 남녀가 어우러진 모습, 한글 번역을 통해 가까워진 아버지와 딸, 남편과 아내, 소설 읽기나 가사 짓기 등을 통해 자기들의 리그를 구축한 여성들의 모습. 그런데 이러한 가족의 일상은 보편적인 것일까, 아니면 역사성을 띠는 것일까?

가족의 범위와 애착의 형성 방식은 사회적·역사적으로 변화한다. 어머니와 자식을 비롯하여 사람들이 상호 친족의식을 갖고 유대감을 쌓는 것은 지극히 사회적이며 역사적이다. 요새 제사에 대해 "왜 여자들에게 얼굴 한번 못 본 남의 집 조상 제사 음식을 만들게 하냐!"는 비판을 흔히 보곤 한다. 맞는 얘기다. 그렇지만 제사는 그게 핵심이다. 얼굴 한 번 못 본 사람을 조상이라고 기리면서, 모인 사람들의 결속을 다져서 하나의 공동체라는 의식을 심어주는 게 제사의 목적이다. 요새 이에 대한 비판이 높아진 것은 이렇게 모이는 친족집단의 필요성이 낮아졌다는 의미이다.

조선 전기까지 혼인 후에도 처가 쪽에 거주하는 일이 많았기에 딸과 부모, 사위와 처부모 사이의 관계가 돈독했다. 그들의 자손 역시 외가와 친밀했고 어머니의 자매, 즉 이모네와 친밀했다. 앞서 언급한 고려 말 사람 민적은 외가에서 태어났고 그 비범한 싹을 알아본 이모부가 데려다 키웠다. 이런 사회에서는 남편들이 친족이라는 이유로 여성들끼리 모이기도, 그런 여성 간의 유대가 강화되기도 힘들다. 차라리 그 반대가 더 쉬웠을 가능성이 크다. 그런 점에서 본다면 영남 반가의 내방가사는 언문을 수단으로 하고 있다는 것뿐만 아니라 고려 시대와는 다른 범주의 친족의식을 보여 준다는 점에서도 지극히 조선적인 현상이다.

조선 후기 글쓰기, 독서 문화를 통한 가족의 일상은 가족 사이의 애정을 돈독하게 할 정도로 의미가 있었을까, 아니면 그냥 미미한 에피소드에 불과한 것이었을까? 가정에서 남녀가 어우러져 같은 경험을 하며 감정을 공유하는 것은 역사성을 부여할 만한 것이었을까, 아니었을까? 이는 인간이 꾸리는 조직과 그를 유지하는 유대감이라는 다분히 보편적인 틀이 특정한 역사적 조건에서 어떤 특수한 모습을 구성하는지에 대한 고민이기에 충분히 해봄 직하다. 또한 그렇게 구성된 모습이 어떻게 변화해 갈지를 시사하기 때문에 더욱 주목할 필요가 있다.

분명 조선 시대는 남녀차별이 심했으며 가부장에게 부여된 권한과 책임이 막강했다. 그러나 그러한 구조였다고 하여 사람들이 모두 같은 행동을 하는 것은 아니다. 이런 구조에서 딸내미의 총명함을 발견했을 때, 누군가는 여전히 그딴 것 필요 없다며 무시하고 시집이나 보내 버리면 그만이라고 하지만, 누군가는 그 쓸데없음을 알더라도 가르치고, 누군가는 딸일지라도 할 수 있는 최대한의 영역을 찾아 이끌어 준다. 여성도 무언가가 될 수 있는 새로운 시대가 열리기 시작했을 때, 사람들은 다양하게 반응했다. 구조의 강고함을 지적하는 것만큼이나 개인과 사회의 다양한 대응전략을 주목하는 것은, 역사는 변화하고 사람들의 다양한 대응전략이 그 변화를 추동해 왔기 때문이다.

변경에서 성장하는 새로운 독서

조선 시대 내내 한문이 진짜 글 진서眞書이자 유일하게 의미 있는 '문자'였던 것에 비해 훈민정음은 언문, 언서 혹은 여자나 쓰는 글이라고 안글, 암클이라 불리며 천대받았다. 이는 당대를 살아간 모든 조선인이 알고 있는 것이었으며 19세기 말 20세기 초 조선에 온 모든 외국인이 목도한 사실이다. 가끔 "훈민정음도 나름의 쓸모가 있다", "어떤 면은 한문보다 낫다"고 주장하는 이도 있었지만 이런 사람은 드물었다. 한글이 천대받은 것은 그것대로 사실이지만 이러한 변경에 있었기에 가능했던 한글의 세계도 있었다.

원래 독서는 사회를 통제하고 이데올로기를 전파하는 강력한 수단이다. 현대 사회에서도 끊임없이 생산되고 있는 "000라면 반드시 읽어야 할 필수 고전", "읽을 만한 책 목록"은 그 사회에서 추구하는 이데올로기를 선전하는 수단이다. 전근대 사회에서는 독서의 대상과 주제가 한정되어 있다 보니 '읽기'는 더욱 권위적이고도 경건한 행위였다. 사람은, 아니 남성 엘리트는 성스러운 경전을 또박또박 목소리를 내어 음독하며 반복하고 또 반복했다. 이는 심신을 수양하고 배우며 깨우치게 하는 행위였다. 유럽에서도 이러한 독서는 남성 엘리트 혹은 성직자에게 허락된 행위였다. 소리 내어 라틴어 성경을 읽는 것은 성직자나 할 수 있었다.

주희 역시 이러한 경건한 독서법에 대해 이야기한 바 있다.

책을 읽을 때는 소리 내어 읽어야 하며 단지 생각만 하지 않아야 한다. 소리를 내서 읽으면 마음속이 느긋해져 의리가 저절로 나온다. 내가 공부할 때도 처음에 역시 그렇게 했을 뿐이며, 다른 방법은 없었다(주희, 〈독서법〉 하, 《주자어류》 4, 청계, 2001).

이렇게 소리 내어 읽는 행위는 책이 담고 있는 진정한 의미를 깨우치는 유일한 방법이다. 조선의 학자들 역시 글 읽는 방법에 대해 세세한 지침을 두는 것을 마다하지 않았다.

글을 읽을 때에 높은 소리로 읽는 것은 좋지 않다.

소리가 높으면 기운이 떨어진다.

눈을 딴 데에 돌려도 안 되니, 눈이 딴 데에 있으면 마음이 딴 데로 달아난다. 몸을 흔들어도 안 된다.

몸이 흔들리면 정신이 흩어진다. ……

모름지기 몸을 거두어 똑바로 앉고 눈은 똑바로 보고 귀는 거두어 들으며 수족은 함부로 움직이지 말며 정신을 모아 글에 집중해야 한다(홍대용, 《담헌서》 외집 권1, 항전척독, 여매헌서).

조선 시대의 경전 공부는 이렇게 온몸을 긴장한 채 소리 내어 읽는 음독의 공부였다. 이들도 가끔 경전을 묵독을 하는 일은 있었으나 어디가 아프거나 사정이 있어 하던 것일 뿐이었다.

경전은 대충 읽어서도 안 되었다.

아는 글자라고 소홀히 여기거나 쉽게 여기지 말고, 글자를 달리듯이 미끄러지듯이 줄줄 읽지 말며, 글자를 읽을 때 더듬지 말며, 글자를 뒤집어 읽지 말며, 글자를 한 줄 건너 읽지 말라. 반드시 글자의 음을 바르게 읽어야 한다(박지원, 《연암집》 권10, 별집, 원사).

거꾸로 읽거나 속여 읽지도 말고 글자를 빠뜨리거나 글줄을 건너뛰어 읽어서도 안 된다(이덕무, 《청장관전서》 사소절).

성스러운 경전은 한 글자 한 글자 또박또박 읽어야 했으며, 음도 바로 새기며 읽어야 했다. 이렇게 또랑또랑하게 경전을 잘 읽는 젊은이의 목소리는 그 집안의 밝은 미래를 상징하는 것이기도 했다. 이렇게 완벽히 규율된 신체는 음독을 통해 굶주림도, 추위나 더위도 잊을 수 있다. 이덕무는 그 경지를 이렇게 설명했다.

첫째, 굶주린 때에 책을 읽으면 소리가 곱절로 낭랑하여 그 이치와 취지를 잘 맛보게 되어서 배고픔도 느끼지 못하게 된다.
둘째, 차츰 날씨가 추워질 때에 읽게 되면 소리를 따라 기운이 돌아서 몸 안이 편하여 추위도 잊을 수가 있게 된다.
셋째, 근심 걱정으로 마음이 괴로울 때에 눈은 글자에, 마음

은 이치에 집중해 읽으면 천만 가지 생각이 일시에 사라져
버린다.

넷째, 기침병을 앓을 때에 책을 읽으면, 기운이 통하여 부딪
침이 없게 되어 기침 소리가 갑자기 그쳐 버린다(《청장관전
서》권50, 이목구심서 3).

그런데 한글의 세계를 통해 묵독과 속독의 세계가 열리게 된
다. 18세기 유만주는,

부녀자들이 말하는 것을 들으니 안글을 잘 읽는 자들은 열 줄
정도를 한 번에 모두 읽는데 눈으로는 의미를 이해하지만 소
리를 연달아 내어 읽는 것은 아니라고 한다. 생각건대 옛사람
들이 열 줄 정도를 한 번에 읽었다는 것도 이러한 읽기와 같
을 것이다(《흠영》6).

라며 여성들이 묵독으로 아주 빠르게 한글을 읽는다고 신기해했
다. 한 번에 열 줄씩 읽는 속독으로 하루에 수십 권씩 소설을 보는
여성들도 이 시대에 드물지 않았다.

속독은 사실 정독이 아니라 내용만 대충 파악하며 넘어가는 통
독이다. 그렇기에 잘 이해가 안 가는 구절이 좀 섞여 있어도 상관
이 없었다. 한글 소설이나 가사에 수없이 섞인 독음만 달린 한시
들, 즉 "금준미주천인혈 옥반가효만성고 촉루락시민루락 가성고

처원성고" 같은 시가 한자도 없고 번역도 없이 실려 있어도 분위기만 파악하고 넘어가면 그뿐인 것이다.

1895년 게일이 번역하여 발간한 《텬로력뎡》을 분석한 장문석은 조선의 번역본이 저본이 된 중국의 관화본과는 달리 꼼꼼히 읽기에 적당하지 않았다고 평했다. 중국의 관화본이 주석과 표점 등을 통해 텍스트를 정독할 것을 기대했다면, 조선의 《텬로력뎡》은 주석이 없었는데 이것은 19세기 한글 소설 읽기의 영향 때문이라는 것이다.

'대충 읽기'는 이전의 '반복하고 또 반복하는 꼼꼼한 독서'와 너무나도 대비된다. 심지원은 세자 시절 현종에게 한 구절을 백 번은 읽어야 한다고 했다.

심지원: 세자께서는 평소 몇 차례나 읽으십니까?

세자(현종): 육십에서 칠십여 번입니다.

심지원: 이 역시 많지 않습니다. 여항의 사람들은 책을 읽을 때 반드시 백여 번을 하겠다고 결심합니다. 많이 읽고 난 이후에야 문리를 깨닫는 것이 쉽기 때문입니다. 모름지기 백 번을 한도로 삼는 것이 어떻겠습니까?(《역주 현종 동궁일기》 권4, 민속원 2008)

육십 번 읽으면 됐지, 백 번을 채우라니, 꼰대도 이런 꼰대가 없다. '대충 읽기'는 정밀한 이해에는 도움이 안 되었겠으나 빠른

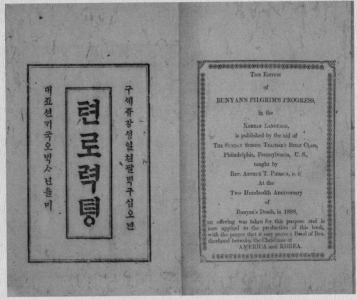

[그림 31] 《텬로력뎡》(1895)

J. 게일 번역, 〈기독도와 진츙faithful이 전도자를 다시 만나다〉라는
제목의 그림. 기산 김준근이 그렸다.

* 소장처: 국립한글박물관.

속도를 가능하게 한다. 이는 19세기 말 신지식이 밀려와서 빠르게 흡수하는 게 필요할 때 한문이 아닌 한글로 번역에 나서야 한다고 주장하는 바탕이 되었다.

묵독은 몸의 자세도 해체했다. 묵독을 한 기록을 보면 대부분 침상에 누워서 보았다고 하고 있다. 한글 소설의 경우 묵독뿐만 아니라 구연자가 낭독을 하는 경우에도 많은 이들이 누워서 이를 듣곤 했다. 병들었거나 늙었다는 핑계를 대면서 흐트러진 자세로 하는 독서는 경전 음독으로 몸에 박힌 규율을 해체하는 효과를 가지고 있었다. 천주교나 동학처럼 사회의 기존 이데올로기에 저항한 이념은 한글을 그 수단으로 삼으면서 기존의 규율된 신체 역시 해체할 수 있지 않았을까?

한글이 점하고 있던 묘한 위치는 권력의 질서와는 다르게 읽기의 주체를 설정하는 의외의 효과도 있었다. 주지하다시피 한글은 조선 사회에서 상층 남성 엘리트가 아니라 하층민이나 여성이 사용해야 하는 것이었다. 그렇기에 상층 남성 엘리트는 한글을 잘 쓰고 많이 사용했음에도 공식적으로는 사용하지 않는 척했다. 그러자 한글과 관련한 문자 활동의 영역이 여성과 청소년에게 열렸다.

가족들이 모여 한글 소설을 읽을 때면 그 읽는 사람이 여성이거나 청소년인 경우가 많았다. 한글은 남성이 사용할 만한 권위 있는 글자도 아닌데다, 소리 내어 읽는다는 행위가 워낙 에너지가 들어가는 행위이다 보니 상대적으로 낮은 사회적 지위를 점하고 있는 이들이 '읽는 행위'를 할 수 있게 된 것이다. 조선에서 남성 상층 엘리트가 여성에게 소설을 읽어 주는 것은 한문 소설을 번역하며 불러주기 위해서거나 어머니에게 들려드리기 위한 정도였으니, 여성과 하층민이 사용하는 문자라는 한글의 안타까운 처지는 역으로 여성과 하층민이 발화할 수 있는 장을 열어 줬다.

권력이 없는 이들이 주로 한글을 쓰다 보니, 한글로 된 저작 중에는 예상치 않게 긴장을 풀어 버린 것이 발견되기도 한다. 한글과 한문, 두 기록이 향하는 대상이 달라서 미묘하게 내용이 다른 것인데, 홍대용의 《을병연행록》이 대표적이다. 홍대용은 북경 사행에서 만주인 왕자에게 작별 편지를 보냈다. 여기에서 그는 자신이 만주인 왕자의 문객이 되지 못하는 것이 부끄럽다며 극진히 이 왕자를 칭송했다. 만주인의 문객이라니! 대명 의리론對明義理論이 서슬퍼렇던 조선 사회에 알려졌다가는 꽤나 물의를 빚을 법한 내용이다. 그래선지 이 편지는 한문본인 《연기》에는 실리지 않았는데, 흥미롭게도 한글로 작성된 《을병연행록》에는 번역하여 소개되어 있다. 《을병연행록》을 읽을 계층(아마도 가정의 여성이었을 사람들)은 이와 같은 만주인에 대한 스스럼없는 칭송을 접하게 될 것이나, 한문본 기행문만 읽을 사람들은 그런 점을 알지 못하고 넘기게 될 것이다. 이런 점이 누적된다면 누가 더 만주인에게 더 열린 사고를 할 수 있게 될까?

여기서 한 가지 더 흥미로운 부분은 이렇게 한문본에는 싣지 않고 한글본에만 내용을 담는다고 해서, 이 사안이 알려지지 않겠는가 하는 점이다. 무슨 국가기밀 수호서약을 한 것도 아닌데,

한글본을 읽은 여성이 다른 집안의 여성과 감상을 나누지 않을 리가 없을 것이며, 그 여성이 자기 집안의 남성과 얘기를 하지 않을 리가 없지 않은가? 그렇게 된다면 한글로만 썼어도 이 내용이 대중에게 알려지지 말라는 법이 없을 터인데, 홍대용은 왜 이런 글쓰기를 했을까?

이에 대해서는 몇 가지 상상을 해 볼 수 있다. 예를 들어 설령 알려진다 해도 한글본을 가지고 문제삼는 일은 벌어지지 않을 것이라는 자신이 있었다고 생각해 볼 수도 있다. '어디서 그런 내용을 봤어?'라고 물을 때 '한글 뭐시기를 봤어요'를 근거로 대면, 일단 증거로 잘 인정받지 못하는 경우 같은 것 말이다. 혹은 여성들이 말을 옮겨 어떤 문제가 발생할 수 있으리라고는 미처 생각지 못했을 수도 있다. 사람은 사회적 지위가 낮은 사람들 앞에서 말을 가리지 않는 버릇이 있기 때문이다. 교수가 조교나 학생 앞에서 얼마나 할 말 못 할 말을 안 가리는지만 봐도 알 수 있다. 홍대용이 무슨 생각으로 한글본에 이런 예민한 문제를 거침없이 실었는지 알 수는 없지만, 한번 의문을 품어볼 만한 부분이긴 하다.

변경은 새로운 가능성의 지대이기도 하다. 여러 문화가 착종되어 새로운 문화가 탄생하기도 하고 중앙의 이데올로기가 해체되기도 하고 기존의 상하 질서가 뒤집히기도 한다. 한글은 문자 헤게모니의 변경이었는데, 그것이 가지는 의의 역시 한번 탐구해봄 직하다.

○

나
오
며

36년의 식민지 생활은 우리나라에 또 다른 문자 환경을 제공했
다. 단지 문자뿐만 아니라 이제는 언어에까지 일본어가 깊게 침
투했다. 상급 교육을 받으면 받을수록 일본어에 깊이 침습되어
갔다. 1927년생 김영삼 전 대통령과 1926년생 김종필 전 국무총
리가 일본 언론과 한 인터뷰를 보고 새삼스럽게 놀란 적이 있다
(각각 다른 인터뷰다). 통역 없이 자유자재로 일본어로 대화를 나누
는데, 그 유창함이 내 예상을 뛰어넘었기 때문이다. 아, 저 시대를
산 엘리트의 일본어란 저런 것이구나 하는 걸 절감했다. 그런데
이 시기의 언어/문자생활에 일본어만 침투한 것은 아니다. 조선
인은 지금 일본이 펼치는 이 문명개화의 세상이 일본의 '오리지
널'이 아니라 그 너머에 서양 각국이 있음을 알았다. 진정한 '오
리지널'을 추구한 사람들은 일본을 거치지 않고 그 서양 각국에

직접 접속하고 싶어 했다. 경성제대 교수를 지낸 다카하시 도루는 은근히 일본을 무시하고 서구를 찾는 이런 조선인에 대해 불만을 토로하기도 했다.

이런 엘리트와는 또 다른 레이어도 있다. 나의 친할머니는 1904년 생에 정규 학교 교육을 받으신 적이 없고 가내 교육으로만 한글을 익히셨다. 나는 친할머니가 일본어 단어 쓰시는 것을 들은 기억이 거의 없다. 그에 비해 1925년생인 나의 외할머니는 지방 도시의 일본인 상점에서 일하시는 외할아버지와 결혼하셨다. 나는 가끔 외할머니가 일본어 단어를 쓰시는 걸 들은 적이 있다. 대단한 일본어는 아니고, '즈봉', '쓰메키리' 같이 당대인이 많이 쓴 단어 정도였지만. 이에 비해 양가 할아버지는 일본어를 꽤 하셨다. 친할아버지는 일제 시기 전문학교를 졸업해 은행에서 일을 하셔서 일본어가 아주 유창했고, 일본인이 운영한 상점에서 일하신 적 있는 외할아버지 역시 일본어를 잘하셨다. 한편 1924년생인 나의 시할머니는 만주국에서 타이피스트로 일을 하셨던 분이다. 시할아버지 역시 일본어를 하셔서, 애들 빼고 두 분이서만 냉면을 먹으러 가고 싶을 때면 일본어로 대화를 하며 몰래 나가셨다고 들었다. 이렇듯 식민지 시대의 언어와 문자는 근대와 민족, 저항과 순응, 계급과 교육, 세대와 젠더 등이 복잡하게 얽혀 들어 가며 풍부한 이야기를 품고 있다.

요새는 또 영어가 광풍을 일으키고 있다. 종종 SNS에 모든 메뉴를 영어로 표기한 메뉴판 사진이 돌곤 한다. 개중에는 심지어

미숫가루를 M.S.G.R로 표기한 것도 있었다. 정말 'GR' 도 풍년이다(이렇게만 써도 다 알아본다는 것도 참 재미있는 현상이다). 이런 상황은 여러 계층을 소외시키는데, 특히 노년층의 소외가 심하다. 외할머니는 어느 날 며느리가 놔두고 간 영어만 잔뜩 쓰인 미제 화장품의 라벨을 읽어 달라고 나에게 살짝 부탁하신 적이 있다. 자존심 강한 분이 며느리에게 그걸 묻기는 몹시도 싫으셨던 모양이었다. 그러나 과거를 돌이켜 생각해 보면, 문자를 모른다고 창피해하는 현상 역시 최근의 것에 불과하다. 특히나 영어 같은 외국어의 문자는 더욱 그러하다. 나의 친할머니는 다행히도(?) 이런 영어 광풍을 보지 못하고 돌아가셨으나 근심은 많으셨다. 중학생 시절, 할머니는 내가 가지고 온 영어판《어린왕자》를 보시고선 근심 어린

[그림 32] 문자별 사용 계층의 차이
궁궐 현판 중에는 뒷면에 이렇게 한글 묵서가 남아 있는 경우가 있는데, 특히 경복궁의 행각문이나 담장 문처럼 주요 전각이 아닌 곳에 이런 묵서가 전한다. 예를 들어 평락문은 건청궁 연못 서장문, 봉집문은 건청궁 전 남문, 함광문은 곤녕합 남문 등으로 표시해 둔 것인데, 이는 이들 현판을 한꺼번에 만들고 나서 옮겨 걸 때 헷갈리지 않도록 표시한 것으로 추정되고 있다. 전각 이름을 짓고 글씨를 쓴 이는 한자를 능숙하게 소화하고 있는 사람이었지만, 이를 날라서 거는 사람들은 한글을 아는 정도였음을 짐작할 수 있다. 그러면서도 동과 서는 한자로 표시하고 있어서 이 정도의 한자는 통용되는 것으로 여겼다는 점도 함께 볼 수 있다.
* 출처: 국립고궁박물관,《궁중현판─조선의 이상을 걸다》
  전시 도록, 2022, 57쪽.

융문루 현판
19세기 후반 | 나무 | 89.5×207.5cm

西

융무루 현판
19세기 후반 | 나무 | 51.8×136.0cm

勤政殿東行閣門

계인문 현판
19세기 후반 | 나무 | 31.8.5×80.3cm

건청궁 연못 서장문

평락문 현판
19세기 후반 | 나무 | 30.4×64.7cm

건청궁 전 남문

봉집문 현판
19세기 후반 | 나무 | 33.8×74.0cm

곤녕합 남문

함광문 현판
19세기 후반 | 나무 | 33.0×64.7cm

173

표정으로 "예수쟁이가 되면 안 된다"고 말씀하시기도 했다. 누군가에게 로마자가 '예수쟁이'의 문자였던 것처럼 과거의 여러 문자에 대해서도 다양한 상징성이 교차했을지도 모른다. 현대 사회에서 언어와 문자 환경이 개인과 세대, 젠더와 계급에 미치는 영향을 지켜 보며, 과거 사회에 대한 상상력도 다시 갈고 다듬어 볼 필요도 있다.

이 책에서는 우리가 살아왔던 문자 환경을 다시 한번 되짚어 보며 조금은 새로운 생각을 해보려고 했다.

문자가 사라지며 우리가 잃어버린 지식은 없는가?

정말로 다른 문자는 다른 역사상을 보여 주는가?

보편 문어는 늘 보편 문어였는가?

보편 문어와 구어의 세계는 어떻게 교섭하고 변화하는가?

새로운 문자의 창제는 당대에 어떠한 비중을 가진 것이었는가?

새로운 문자가 불러온 새로운 현상은 무엇인가?

문자의 소유가 불러온 인간의 욕망은 무엇인가?

문자 생활의 젠더화는 어떠한 결과를 가져왔는가?

문자가 변경에 놓였을 때, 변경이라서 얻는 것은 없는가?

우리의 과제는 과거 우리가 가졌던 조건을 통해 세계사적으로 유용한 보편적 질문을 던지는 것에 있다. 언어/문자에 있어서 복잡다단한 조건과 환경을 가졌던 우리 역사는 역사적 상상력을 발휘하고 재밌는 질문을 던지기에 더없이 좋은 조건을 지니고 있다.

이 글에서는 언어와 문자를 뒤섞어 서술하곤 했다. 역사학의 처지에서는 과거의 언어 현실은 결국 문자를 통해서만 포착되기에 언어와 문자, 구어와 문어를 엄밀히 구별해 쓰기 어려운 부분이 있기 때문이다. 이 글에서 제시하고 싶은 것은 언어 및 문자의 실재를 엄밀히 드러내는 것도 아니요, 어떤 시대, 어떤 언어/문자 현실의 실재가 이러했다, 저러했다 등의 결론을 제시하려는 것도 아니다. 중요한 것은 어떻게 하면 한국사를 통해 새롭고 유의미한 질문을 던질 수 있을까, 그 방법에 대한 고민이다. 이 글로 역사적 상상력의 경계를 조금이라도 넓혔으면 하는 것, 그것이 작은 바람이다.

• 참고자료

기본 참고 사이트

국립문화재연구소 문화유산연구지식포털

국립중앙박물관

국립한글박물관

국사편찬위원회 한국사데이터베이스

조선왕조실록

한국고전번역원 한국고전종합DB

문화재청

들어가며

〈원주민 언어와 함께 사라지는 전통 약초 지식〉, 《한겨레신문》 2021년 6월 14일.

니컬러스 에번스, 김기혁·호정은 옮김, 《아무도 모르는 사이에 죽다》, 글항아리, 2012.

UIS(UNESCO INSTITUTE FOR STATISTICS) Fact sheet No.45(2017.09) Literacy Rates Continue to Rise from One Generation to the Next

The World Bank Data: Literacy rate, adult total(% of people ages 15 and above) (https://data.worldbank.org/indicator/SE.ADT.LITR.ZS?end=2019&start=1970 &view=chart)

"Are your findings 'WEIRD'?" *Monitor on Psychology* Vol.41 No.5, 2010. 05. (https://www.apa.org/monitor/2010/05/weird)

01. 다른 문자가 보여 주는 다른 세계

• 사라졌을지도 모를 고유 지식

이병도, 《고려시대의 연구》(개정판), 아세아문화사, 1980.

장지연, 《고려 조선 국도풍수론과 정치이념》, 신구문화사, 2015.

• 《한경지략》과 〈한양가〉의 서로 다른 한양

강명관, 《그림으로 읽는 조선 여성의 역사》, 휴머니스트, 2012.

국립중앙박물관, 《미술 속 도시 도시 속 미술》 전시 도록, 2016.

유본예, 장지연 역주, 《한경지략―19세기 서울의 풍경과 풍속》, 아카넷, 2020.

한산거사, 강명관 역주, 《한양가》, 신구문화사, 2008.

• 서울, 그리고 서울을 부르는 수많은 한자어

구범진, 《청나라, 키메라의 제국》, 민음사, 2012.

장지연, 〈조선전기 개념어 분석을 통해 본 수도의 성격〉, 《서울학연구》 52, 2013.

02. 이두·향찰의 시대에서 한문의 시대로

• 1,400년이나 쓰인 이두·향찰·구결

시정곤·정주리·최경봉·박영준, 《우리말의 수수께끼》, 김영사, 2002.

• 향가와 한시, 나란히 걸리다

박경주, 〈고려 시대 향가 전승과 소멸 양상에 관한 고찰〉, 《한국시가연구》 4, 1998.

장지연, 〈고려가요와 고려사 악지 악장 편집의 정치성〉, 국문학회 동계 발표회 발표문, 2017.

• 의천과 김부식이 못마땅해한 차자 시스템

남풍현, 《(국어사를 위한) 구결 연구》, 태학사, 1999.

김무봉, 〈불경언해와 간경도감〉, 《동아시아 불교문화》 6, 2010.

이창국, 〈원간섭기 민지의 현실인식〉, 《민족문화논총》 24, 2001.

최연식, 《《화엄경문답》의 변격한문에 대한 검토〉, 《구결연구》 35, 2015.

최연식, 〈신라의 변격한문〉, 《목간과 문자》 17, 2016.

● 고려, 몽골에 한문 문화를 전하다

장지연, 〈고려 후기 권력의 상징 몽골인 인후〉, 《이미 우리가 된 이방인들》, 동녘, 2007.

03. 한글의 시작, 예상 외의 성공

● 훈민정음은 갑자기 튀어나온 것인가

니컬러스 에번스, 김기혁·호정은 옮김, 《아무도 모르는 사이에 죽다》, 글항아리, 2012.

피터 볼, 김영민 옮김, 《역사 속의 성리학》, 예문서원, 2010.

● 급속도로 늘어난 '배운 사람들'

노마 히데키, 김진아·김기연·박수진 옮김, 《한글의 탄생》, 돌베개, 2011.

이건식 외, 《한글 창제 이전의 문자 생활 연구(1)》 연구보고서, 국립한글박물관, 2019.

김은희, 〈신중국 성립 초기(1950년대) 문맹 퇴치 운동의 역사적 고찰〉, 《문자와 권력》, 한국문화사, 2016.

● 사투리까지 담아낸 훈민정음

노마 히데키, 김진아·김기연·박수진 옮김, 《한글의 탄생》, 돌베개, 2011.

황문환, 《언간─조선 시대의 한글 편지》, 역락, 2015.

이전경, 〈간경도감 불경언해 사업의 또 다른 함의〉, 《한말연구》 34호, 2014.

• 폰트와 필기구, 활자와 기술 그 너머의 이야기

노마 히데키, 김진아·김기연·박수진 옮김, 《한글의 탄생》, 돌베개, 2011.

후지에다 아키라, 오미영 옮김, 《문자의 문화사》, 박이정, 2006.

김당택, 《〈상정고금예문〉의 편찬 시기와 그 의도〉, 《호남문화연구》 21, 1992.

이선경, 〈윤치호의 문화횡단적transcultural 글쓰기〉, 《비교문학》 56, 2012.

이혜민, 〈중세 카롤링거 시대의 전례 개혁과 문자개혁〉, 《문자와 권력》, 한국문화
　　사, 2016.

최경은, 〈나치의 문자정책〉, 《문자와 권력》, 한국문화사, 2016.

04. 언문이 열어 준 조선 사회의 틈새

• 정조의 뒤죽박죽, 양반 남성도 한글 썼다

윌리엄 레디, 김학이 옮김, 《감정의 항해》, 문학과지성사, 2016.

황문환, 《언간—조선 시대의 한글 편지》, 역락, 2015.

김하라, 〈통원 유만주의 한글 사용에 대한 일고〉, 《국문학연구》 26, 2012.

이종묵, 〈조선 시대 여성과 아동의 한시 향유와 이중언어 체계〉, 《진단학보》 104,
　　2007.

정병설, 〈조선 시대 한문과 한글의 위상과 성격에 대한 일고〉, 《한국문화》 48,
　　2009.

조성산, 〈조선 후기 소론계의 동음 인식과 훈민정음 연구〉, 《한국사학보》 36,
　　2009.

• 여성, 불멸을 꿈꾸며 소리치다

김영미, 〈고려시대 아미타신앙과 여성성불론〉, 《이화여자대학교 인문과학대학 교
　　수학술제》 13, 2005.

김지수, 김대홍 옮김, 《정의의 감정들》, 너머북스, 2020.

정병설, 《죽음을 넘어서—순교자 이순이의 옥중편지》, 민음사, 2014.

김재웅, 〈고소설 필사의 전통과 영남 선비 집안 여성의 문학생활—합천군 조두리

의 사례를 중심으로〉, 《고소설연구》 44, 2017.

이전경, 〈우리 옛 여성의 문자생활〉, 《문자와 권력》, 한국문화사, 2016.

이지영, 〈한글 필사본에 나타난 한글 필사의 문화적 맥락〉, 《한국고전여성문학연구》 17, 2008.

황수연, 〈정치적 글쓰기에 나타난 조선 여성의 정체성〉, 《문자와 권력》, 한국문화사, 2016.

● 언문, 가족의 일상과 관계를 바꾸다

정해은, 《조선의 여성, 역사가 다시 말하다》, 너머북스, 2011

천정환, 《근대의 책 읽기》, 푸른역사, 2003.

허경진, 《사대부 소대헌·호연재 부부의 한평생》, 푸른역사, 2003.

박무영, 〈여성시문집의 간행과 19세기 경화사족의 욕망—《정일당유고》의 간행을 중심으로〉, 《고전문학연구》 33, 2008.

안대회, 〈조선 후기 이중언어 텍스트와 그에 관한 논의들〉, 《대동한문학보》 24, 2006.

● 변경에서 성장하는 새로운 독서

김명호, 《홍대용과 항주의 세 선비》, 돌베개, 2021.

천정환, 《근대의 책 읽기》, 푸른역사, 2003.

마에다 아이·타지마 데츠오, 박진영 옮김, 〈음독에서 묵독으로〉, 《현대문학의 연구》 20, 2003.

이기대, 〈낭독 관련 기록에 나타난 듣는 독자의 등장과 국문소설에 대한 인식〉, 《어문논집》 80, 2019.

이기대, 〈독서의 전통적 방법과 낭독의 효과〉, 《한국학연구》 70, 2019.

이지영, 〈조선 시대 규훈서와 여성의 문자문화〉, 《여성문학연구》 28, 2012.

장문석, 〈판식의 증언—《텬로력뎡》 번역과 19세기 말 조선어문의 전통들〉, 《대동문화연구》 78, 2012.

나오며

다카하시 도루, 구인모 옮김, 《식민지 조선인을 논하다》, 동국대학교출판부, 2010.

• 찾아보기

한문이 말하지 못한 한국사 ──▶

금요일엔 역사책 ❶

한문이 말하지 못한 한국사

2023년 6월 26일 1판 1쇄 발행
2023년 12월 22일 1판 2쇄 발행

지은이   장지연
기획   한국역사연구회
펴낸이   박혜숙
디자인   이보용
펴낸곳   도서출판 푸른역사
                우) 03044 서울시 종로구 자하문로8길 13
                전화: 02)720-8921(편집부) 02)720-8920(영업부)
                팩스: 02)720-9887
                전자우편: 2013history@naver.com
                등록: 1997년 2월 14일 제13-483호

ⓒ 장지연, 2023
ISBN 979-11-5612-253-1 04900
        979-11-5612-252-4 04900(세트)